从"心"开始

服刑人员团体心理辅导活动手册

路 红 邢 强◎编著

CONG XIN KAISHI
FUXING RENYUAN TUANTI
XINLI FUDAO HUODONG SHOU

暨南大学出版社
JINAN UNIVERSITY PRESS

中国·广州

图书在版编目（CIP）数据

从"心"开始：服刑人员团体心理辅导活动手册/路红，邢强编著．—广州：
暨南大学出版社，2019.10
　ISBN 978 - 7 - 5668 - 2623 - 7

　Ⅰ.①从…　Ⅱ.①路…②邢…　Ⅲ.①犯罪分子—心理辅导—手册
Ⅳ.①D916.7 - 62

中国版本图书馆 CIP 数据核字（2019）第 078569 号

从"心"开始：服刑人员团体心理辅导活动手册
CONG XIN KAISHI：FUXING RENYUAN TUANTI XINLI FUDAO
HUODONG SHOUCE
编著者：路　红　邢　强

出　版　人：徐义雄
策　　　划：黄圣英
责任编辑：冯　琳　陈俞潼
责任校对：冯月盈
责任印制：汤慧君　周一丹

出版发行：暨南大学出版社（510630）
电　　话：总编室（8620）85221601
　　　　　营销部（8620）85225284　85228291　85228292（邮购）
传　　真：（8620）85221583（办公室）　85223774（营销部）
网　　址：http://www.jnupress.com
排　　版：广州市天河星辰文化发展部照排中心
印　　刷：佛山市浩文彩色印刷有限公司
开　　本：787mm×1092mm　1/16
印　　张：11.5
字　　数：209 千
版　　次：2019 年 10 月第 1 版
印　　次：2019 年 10 月第 1 次
定　　价：45.00 元

序　言

正如习近平总书记指出的，健康是促进人全面发展的必然要求，是经济社会发展的基础条件，是民族昌盛和国家富强的重要标志，也是广大人民群众的共同追求。今天，人们对健康的追求，不仅包括生理健康，还包括心理健康和社会健康等更加广泛的内容。心理健康的研究对象也从一般社会群体，如学生、军人、各类在职人员与生理疾病患者等，扩展到那些社会边缘群体，如服刑人员等。心理工作者遍布各类中小学校、大专院校、儿童指导机构、职业指导中心、精神病院、综合医院乃至部队、监狱等更加广阔的领域。

从"社会人"到"监狱人"再到"社会人"，对于服刑人员而言，这应该是他们人生最难走的路。作为特殊群体，服刑人员在进入监狱后，会出现一系列明显的心理反应，并呈现出相应的心理、行为应激症状，从而出现心理健康问题。已有的司法实践表明，服刑人员群体是心理问题的多发人群。对某些服刑人员来说，心理问题已成为阻碍其改造过程的一大障碍，能直接影响他们的改造及刑满释放后的社会适应情况。加强和重视对服刑人员的心理干预、心理矫治是国际行刑的一种趋势，有助于提升服刑人员教育改造质量、稳定监狱改造秩序和创建现代化文明监狱。从心理层面进行改造，更能使服刑人员在出狱后较好地重新适应社会需要。

服刑人员心理矫治是监狱改造罪犯的一个值得重视的新手段。通过专业的心理干预手段，能帮助监狱有效避免服刑人员在刑期内的故意伤害、脱逃、自杀等狱内案件和非正常死亡事件的发生，对于稳定服刑人员思想、维护监管安全、提高改造质量，有着特殊的重要作用。服刑人员团体心理辅导（以下简称团辅）是指监狱专兼职心理辅导员运用心理学的原理、方法和技术，在团体情境下以服刑人员团体为对象，运用适当的辅导策略与方法，通过团体成员间的互动活动，使个体在活动中通过观察、学习和体验，进一步认识自我、探讨自我、接纳自我，调整与他人的关系，学习新的态度与行为方式，从而改善服刑人员的心理和行为，消除犯罪心理，提高心理健康水平，增强回归社会后的心理适应能力，最终成为健康合格的守法新人。

自 2006 年起，广州大学教育学院心理系便在广东省内监狱系统开展了多层次、多形式的社会实践活动。2008 年广州大学教育学院与广东省怀集监狱合作，建立了院级教学实习实践基地，2009 年建成广州大学教学实习实践基地。2014 年 3 月双方签订了共建示范性实践教学基地合作协议，在此期间，我们协同不同专业，根据双方实际条件，采用不同的实习/实践编班形式，将本科生、研究生的课外实践活动与毕业实习结合在一起，力争做到实践内容专业化、实践形式多样化、能力培养深入化。为了总结多年来的实践经验，增进理论交流，进一步发挥心理辅导工作的攻心治本作用，我们把近年来我院心理系学生进行的服刑人员团体心理辅导经验总结汇编成册，以心理学专业理论为指导，用通俗、生动的语言形式，适当地辅以图表，再现我们对服刑人员开展心理矫治的思路、方法和手段。

本书为广东省大学生校外实践基地建设项目"广州大学—广东省怀集监狱实践教学基地"的阶段性成果之一，是集体智慧与劳动的成果。全书由路红、张心园编写提纲，路红、邢强、陈泉凤负责统稿，来自广东省怀集监狱及广州大学教育学院的相关教师也为本书提供了许多真知灼见。参与本书撰写的具体分工为：张晓琳（第一章），唐江伟（第二章），郭蕾（第三章），邓雅丹（第四章），张心园（第五章）。

在写作过程中，我们参考了大量的国内外文献资料，对此我们向有关单位和机构深表谢意，疏漏之处敬请原谅。同时由于能力所限，如有谬误在所难免，恳请同行专家和广大读者批评指正。

路　红

2018 年 10 月

目　录

第一章　环境适应

　　有一天，农夫的一头驴子掉进一口枯井，农夫绞尽脑汁却无计可施。农夫决定放弃，于是他请来邻居帮忙一起将井中的驴子埋了，以免除它的痛苦。这头驴子刚开始哭得很凄惨，不过很快就安静了。农夫好奇地探头一看，所见令他大吃一惊：当铲进井里的泥土打在驴子背部时，它将泥土抖落在一旁，然后站到泥土堆上面！就这样，驴子将泥土抖落，再站上去……很快，这只驴子便上升到井口，然后在众人惊讶的表情中快步地跑开了！

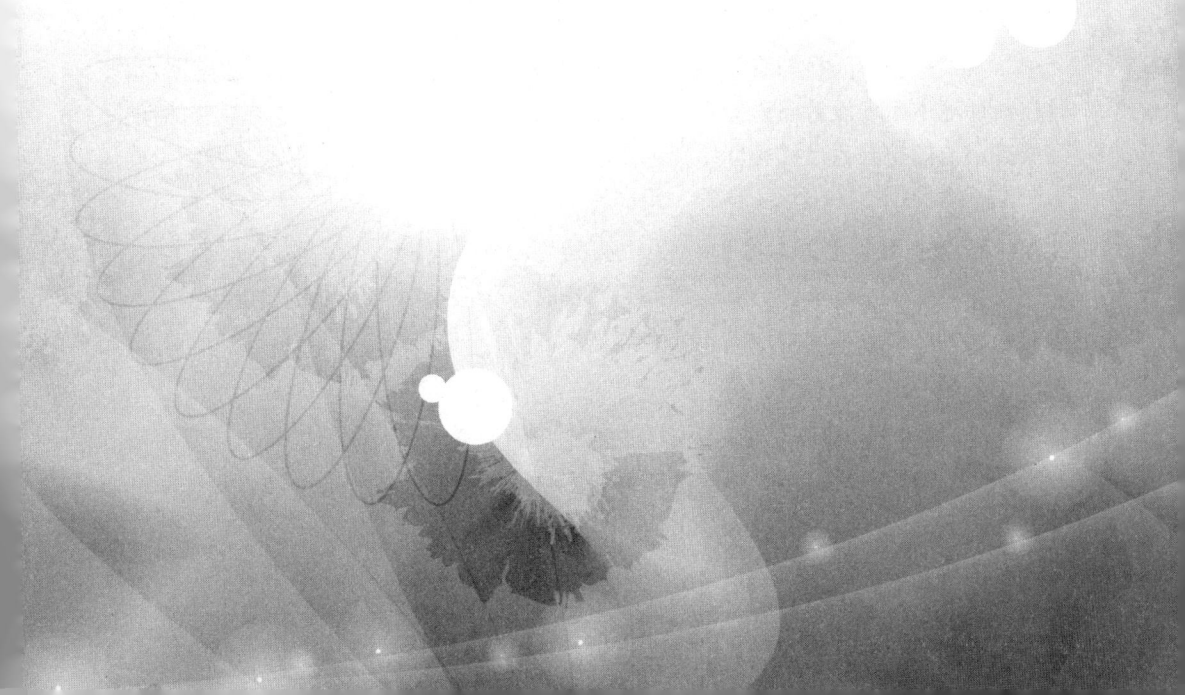

第一节 理论背景

一、新入监服刑人员的心理特征

从一个自由人，变为"监内人"，初入监狱服刑人员普遍会产生恐惧、迷茫、焦虑、孤独、自卑、怨天尤人等情绪。因此从他们入监开始，心理健康指导人员及监区干警就需要了解其心理状况，加强对其心理健康教育，以帮助其克服不良心理，尽快适应新生活，提高改造积极性，树立改造的信心与勇气，从而提高服刑人员教育改造质量。具体来说，新入监服刑人员的心理特征主要有：

1. 因处于陌生的监狱环境而产生恐惧感

新入监服刑人员面对戒备森严的监禁环境、带有强制性的各项纪律规矩、复杂的同犯关系以及对民警的敌意，容易产生恐惧、焦虑、紧张等心理问题。从心理学的角度来讲，恐惧感是个体企图摆脱、逃避某种情景而又无能为力的一种情绪体验，它既是情感反应，也伴随着生理上的感觉。

2. 因隔离而产生孤独感

新入监服刑人员与自己原来的亲人朋友隔离，甚至大部分人还远离家乡，在新环境中不仅没有熟识的亲友，而且通常还会有生活上的不适应、语言的隔阂等，他们担心自己的犯罪给家人带来不良的影响，而又难以与人倾诉，由此产生了心理压力，出现了孤独、焦虑等情绪。

3. 因无助而产生焦虑感

面对陌生的环境和人群，在碰到困难时，无法及时得到帮助和指导，新入监服刑人员会有不同程度的不安和焦虑。

4. 因悔恨而产生悲观感

大部分新入监服刑人员逐渐认识到犯罪的危害性，开始悔恨自己的所作所为，由于自我评价失调，感觉迷茫，更容易产生悲观、失望的心理，有些服刑人员甚至会出现轻生的念头。

二、环境适应团辅内容与目的

入监改造初期是服刑人员心理最不稳定的时期。在这个时期，团体心理辅导可以为新入监服刑人员创造一种温暖、信任的团体氛围，通过团辅活动，增强其团体观念和规则意识，增强他们的身份认同感和归属感，促进新入监服刑人员的心理健康，从而有助于细化"入监第一课"的教育内容，为今后的教育改造工作做好铺垫工作。

新入监服刑人员需要一个适应环境的过程。通过"环境适应"这个主题活动，有助于新入监服刑人员学会适应监狱环境，安心投入改造生活。领导者可以根据监狱及服刑人员的具体情况，每周开展一次或两次辅导活动。

领导者需在辅导活动前，向团体成员说明本次活动的目的。如果目的不明确，成员会把活动误以为是游戏，玩玩而已，活动过程中不认真，活动后也不能细心体会与反思，不能达到辅导的目的。团辅重要的是活动后的经验分享，因此，领导者在活动前一定要考虑活动时间的使用，留出足够的时间让成员分享体会。领导者应努力创造融洽的团队气氛，使成员在团体中感到温暖和安全，团体成员之间相互理解、相互尊重、相互关心，让成员们在彼此接纳的气氛中获得成长。

本章为"环境适应"，共分为四个专题，分别为"走进新环境""敞开心扉""学会适应""扬帆起航"。这些内容是针对新入监服刑人员改造初期普遍出现的心理问题而设计的。活动的目的是让新入监服刑人员能够尽快适应监狱环境，促进成员间良好关系的形成，以积极的心态面对挫折，为自己的未来拟定适当的目标。

第二节　团辅方案

一、性质和目标

1. 团体性质

结构式、发展性团体。

2. 总体目标

帮助全体成员改变原有状态，适应新环境，为今后服刑改造打好心理基础，促进自我成长。

3. 具体目标

（1）通过团体分享与互动，促进成员间彼此信任，学会互相接纳，互帮互助。

（2）学习适应环境所需要的技巧，克服环境、角色变化带来的不适应。

（3）促进成员对监狱的认知水平，帮助成员化解内心的冲突，缓解进入监狱的负面情绪。

（4）帮助成员树立改造的勇气和信心，为自己的未来拟定适当的目标，以积极的心态面对新的改造生活。

二、成员和时间

1. 团辅对象

以新入监 2 个月以内的服刑人员为主要对象。

2. 甄选成员

（1）搜集全监狱调入未满两个月的服刑人员基本信息。

（2）对符合上述条件的服刑人员做好宣传动员工作，阐明监狱在新入监服刑人员中开展团体心理辅导的目的和意义，鼓励新入监服刑人员自愿报名参加，人数在 30 人左右为宜。

3. 团辅时间及次数

共分四节，每节为 120 分钟。活动尽量在一个月内完成。

三、环境适应团辅流程表

专题	专题目标	专题活动	活动素材
走进新环境	1. 认识监狱，了解监狱生活的目的与意义 2. 了解监狱规则，明确"适者生存"的道理，学会适应	1. 建立团体规范 2. 大风吹 3. 松鼠搬家 4. 多元排队 5. 三个最	团体契约书、A4 纸若干、签字笔若干、背景音乐、音响

（续上表）

专题	专题目标	专题活动	活动素材
敞开心扉	1. 了解监狱内成员构成，认识成员 2. 促进成员间的关系，学会应对新的人际关系	1. 可爱的小猫 2. 优点轰炸 3. 寻人行动 4. 爱在指间 5. 爱的旅途	音响、背景音乐、A4 纸若干、笔若干、寻人信息卡、麦克风
学会适应	1. 培养个体对新集体的归属感，认识新集体的力量 2. 培养个人对集体的责任感，体会团队支持的重要性	1. 奇妙的口香糖 2. 拼图寻找一家人 3. 同舟共济 4. 和谐家园 5. 合唱歌曲《我们是一家人》	音响、背景音乐、拼图若干、报纸若干
扬帆起航	1. 认识到过往的错误 2. 制订自我改造计划，提高自律性 3. 展望未来，提高对生活的美好向往	1. 扬帆船长 2. 成长三部曲 3. 我的服刑生涯规划 4. 爱的祝福 5. 合唱歌曲《永远相信》	A4 纸若干、笔若干、音响、背景音乐

第三节　走进新环境

一、活动概要

一方面，新入监服刑人员面对陌生的监狱环境和新的人际关系，需要转换角色，尽快适应监狱的环境；另一方面，服刑人员随着身份地位的改变，心理落差极大。本节针对新入监服刑人员在投入监狱改造初期，普遍存在对监狱环境的陌生感、恐惧感、不适感等问题，通过团体活动和心理引导，有效缓解他们的抵触情绪和焦虑心态，使他们积极主动地适应监狱环境，安心投入改造生活。

团辅活动以"走进新环境"为活动主题。通过建立团体规范，明确团体性质、目标。"大风吹"热身活动，活跃团体气氛，舒展身体，提供成员相互结识的机会。"松鼠搬家"活动，考验成员的适应能力，让成员学会在没有任何人帮助的情况下，靠自己个人的力量尽快适应新环境。"多元排队"中，成员可以认识到每个人在不同时期所处的位置都是不同的，认清自己目前的位置，意识到开放自己与他人交往很重要。"三个最"活动促进成员自我探索，通过与其他成员交流感受，增进对自身状态和改造环境的了解。通过以上活动，提升全体成员的安全感和归属感，让全体成员感受到监狱新"大家庭"的温暖。

二、活动流程

进程	活动目标	活动内容	时间	活动素材
导入	1. 引入主题：走进新环境 2. 建立团体规范，增强团体意识	1. 领导者介绍团队，引入团辅主题 2. 建立团体规范	15 分钟	团体契约书
热身	1. 活跃气氛，增进成员互动 2. 让成员更好地发现和别人的相同之处，更好地互相认识	大风吹	20 分钟	背景音乐、音响
展开	1. 让成员在游戏中体验竞争和合作的力量 2. 开拓成员思维方式，在竞争中体验双赢的快乐	松鼠搬家	25 分钟	背景音乐、音响
	1. 让成员寻找一个客观、真实的自我 2. 让成员根据自己在"多元排队"中所处的不同位置，明确自己的客观地位，消除对自己的过高或过低评价	多元排队	25 分钟	背景音乐、音响

（续上表）

进程	活动目标	活动内容	时间	活动素材
展开	1. 明确和认识自己当前的状态 2. 打开心扉，与其他成员进行情感交流	三个最	20 分钟	A4 纸和签字笔若干
结束	1. 单元小结 2. 推进活动单元迁移	1. 作业 2. 活动总结	15 分钟	背景音乐、音响

三、活动内容

导入

示范指导语：各位成员，大家好！我是本次团体活动的主持人，首先对大家的到来表示由衷的欢迎。接下来大家一起宣读团体口头契约（团体契约请参阅附录一）。请大家遵守我们的团体契约。希望在未来的活动中，我们大家能够相互理解、相互支持，携手共同成长！

热身

大风吹

活动介绍

（1）全体围成一个圆圈，领导者没有位置，立于中央。

（2）领导者开始说："大风吹！"成员问："吹什么？"

（3）领导者说："吹戴眼镜的人"，则凡是戴眼镜的人均要移动，另换位置。

（4）领导者抢到一位置，使得一人没有位置，则需站在中间，每次在中央的人都要做自我介绍，再重新一轮"大风吹"。

展开

松鼠搬家

1. 活动介绍

（1）参与者每三人为一组，其中两人双手举起对撑搭成一个"小木屋"，另一个人扮"小松鼠"，蹲在"小木屋"里。

（2）根据领导者的口令进行变化，如：

"松鼠搬家"——"小松鼠"调换到其他的"小木屋"。

"樵夫砍柴"——搭建"小木屋"的两个人分开，寻找新的"樵夫"搭建新的"小木屋"。

"森林大火"——"小松鼠"可以变成"樵夫"，"樵夫"可以变成"小松鼠"。

（3）领导者可以不断变化着发出口令，大家做出相应的变化。在活动一开始安排两只无家可归的"小松鼠"充当竞争的角色，这样在变化中必然会有新的"小松鼠"或"樵夫"被淘汰出来。

2. 讨论分享

（1）当你作为"小松鼠"无家可归时，会不会很失望？

（2）作为"樵夫"，怎么做到自己的家有"小松鼠"过来？

（3）从这个活动中学会了什么？

3. 注意事项

领导者要关注多次被淘汰的"小松鼠"和"樵夫"，可以请他们表演节目或交流被淘汰的原因及心理感受。

4. 预期效果

这是考验一个人的适应能力和竞争意识的游戏。通过讨论分享，让成员意识到：当他处于一个陌生的环境时，就相当于是一只离开了家的"小松鼠"，必须去寻找一个新家。他必须学会在没有任何人帮助的情况下，靠自己个人的力量尽快地去适应新环境，找到可遮风避雨的家。这对任何一个人都是一种考验，要做到这一点是十分不容易的，所以要学会适应环境，找到适应的生存方法。

多元排队

1. 活动介绍

（1）全体成员围成一个圆圈，大家面向圆心站立。

（2）领导者宣布排队开始，大家根据某一特定要求调整自己的位置。在调整过程中，不允许用语言交流。

（3）第一次请大家按个子高矮排队，高个子排在领导者左边，按顺时针方向从高到矮依次排列。

第二次请大家按出生月、日的顺序排队，1月1日出生的排在领导者左边，按顺时针方向从月、日的小至大依次排列。

第三次请大家按体重排队，重量较重的排在领导者的左边，按顺时针方向由重至轻依次排列。

（4）每次排完后，大家都通过说出自己的身高，或出生月日，或体重数字，检查是否有人排错了队，排错者需说明理由。

2. 讨论分享

（1）不允许交流的情况下，如何保证正确排好队？

（2）每次排队，每个人所处的位置都不同，这说明了什么？

（3）你满意你每次所排到的位置吗？

（4）从这个活动，你学会了什么？

3. 注意事项

领导者一定要强调排队中不允许用语言交流，否则会失去游戏的意义。对排错队的成员，要耐心启发其分析自己排错队的主观原因，而不是简单的客观原因。既不要轻易放过排错者，也不要让其感觉出丑。领导者要敏锐地抓住"多元排队"中典型的案例进行剖析，如过高、过矮、过胖、过瘦、过重、过轻及错位严重的成员等。

4. 预期效果

这是一个每个成员都可以轻松参与的活动，不需要与人合作，也没有竞争的压力，只要你了解自己，又能与他人做简单的交流。"多元排队"从身高到出生月、日，再到体重，是由浅入深地逐步递进。

通过讨论分享，成员可以意识到：因为面对的是一个陌生的群体，要想找到自己的恰当位置，可通过观察、询问、交流等方式，游戏规定不允许用语言交流，给成员设置了障碍，但努力一下完全是可以突破的，这取决于成员的交往态度与技巧。有的人很快找到了自己的准确位置，因为其知己知彼；也有的人一次次地站错了位置，被请出了队列，因为其总是以"想当然""凭感觉""我以为""大概吧"来做主观判断。这个游戏告诉成员们，要找到自己的位置，开放自己与人交往很重要。在"多元排队"中，每个人对自己所处的位置有满意的，也有不满意的。心态消极的人总是以自己的短处与他人的长处比，越比越泄气，越比越自卑；而心态积极的人是悦纳自己，欣赏他人，扬长补短。

三个最

1. 活动介绍

（1）每位成员派发一张 A4 纸与一支签字笔。围绕"入监服刑后，你最大的期望是什么？最大的烦恼是什么？最想得到哪方面的帮助？"三个问题来回答。

（2）要求每个成员独立完成，不要与别人商量，不受别人影响，也不要影响别人。

（3）所有成员完成后，组内先交流、分享。

（4）从成员中选出 1～2 名代表或自愿报名者，做交流分享。

2. 讨论分享

（1）你最大的愿望是什么？

（2）你最大的烦恼是什么？

（3）你最想得到哪方面的帮助？

（4）你有什么想对其他成员说的话？

3. 注意事项

（1）成员们在讨论的过程，领导者应避免成员之间出现消极的情绪，以及避免成员之间出现嘲笑或者伤害性的语言。

（2）领导者应该起到一个引导的作用，引导成员相互交流，增进对自身状态和服刑环境的了解。

4. 预期效果

通过成员之间的分享与反馈，鼓励成员彼此之间的欣赏与支持，让成员达到情感共鸣，用心交流。在这个过程中，成员们能够学会适应监狱环境的方法技巧，调整好心态，迎接新的环境。

结束

作业：谈谈自己对本次活动的感想。

四、活动总结

本单元进行了"大风吹""松鼠搬家""多元排队""三个最"四个活动。通过活动，成员们明确和认识了自己当前的状态，认识到自己所处的位置，明确自己的客观地位，消除对自己不恰当的评价。成员通过以上活动，可以认识到"适者生存"，在活动体验中学会适应环境的技巧，懂得应该主动适应监狱里的生活。

第四节　敞开心扉

一、活动概要

为了更好地增强成员之间的凝聚力，加强成员之间的互动，建立良好的人际关系，以促进成员之间良好的发展，并形成积极乐观的人际交往意识，本专题以"敞开心扉"为活动主题。

活动以"可爱的小猫"为热身活动，调动成员积极性，活跃团体的气氛，使全体成员集中注意力投入团体中。"优点轰炸"活动，拉近团体成员的距离，消除彼此之间的隔阂，相处起来也更愉快。"寻人行动"活动，让成员在交往中介绍自己、了解他人，发现共同的兴趣爱好，学会主动交往。"爱在指间"活动，使成员学会主动敞开心扉，接纳、肯定他人，保持在人际关系的主动地位。"爱的旅途"活动，消除成员的陌生感，让他们感受到团体成员给予的爱与支持。

通过以上活动，成员之间可以学会关爱，懂得交流。在游戏中很好地融入群体，敞开心扉，享受到快乐。在日常生活中，懂得与别人交流、沟通；在与他人的交往中，奉献出自己的真情与爱心，收获友谊、理解和真诚。

二、活动流程

进程	活动目标	活动内容	时间	活动素材
导入	引入主题：敞开心扉	导入单元主题——敞开心扉	5分钟	音响、背景音乐
热身	1. 活跃团体气氛 2. 增进团体温暖	可爱的小猫	20分钟	音响、背景音乐
展开	1. 增进成员自我认知 2. 学会欣赏和赞美别人	优点轰炸	20分钟	A4纸、笔若干
	1. 让成员学习主动交往 2. 让成员在交往中介绍自己、了解他人，发现共同的兴趣爱好	寻人行动	25分钟	寻人信息卡、笔若干
	1. 让成员学会爱是相互的，学会主动接纳别人 2. 学会主动交往的方式	爱在指间	20分钟	音响、背景音乐
结束	1. 增进成员间互动 2. 让成员获得归属感 3. 总结本次活动	1. 爱的旅途 2. 活动总结	25分钟	音响、麦克风

三、活动内容

导入

示范指导语：今天是一个特别的日子。很高兴，我们再次相聚在这里。今天我们活动的主题是：敞开心扉。这次活动与上次一样，大家彼此支持和鼓励，在温馨、活泼的气氛中，共同分享我们一起成长的过程。

热身

可爱的小猫

活动介绍

（1）成员围圈而坐，一成员扮"小猫"站在中间。

（2）"小猫"走到任何成员面前，蹲下学猫叫；面对者要用手抚摸"小猫"的头并说："哦！可爱的小猫。"但是绝不能笑，一笑就算输，要换扮"小猫"。

（3）若抚摸者不笑，则"小猫"要叫第二遍；仍不笑，再叫第三遍；再不笑，就得离开找下一个成员。

（4）活动结束后，要求成员围绕"扮演小猫时，你是何心情？活动让你改变了什么？"两个小问题来进行讨论，然后推荐1~2名代表来分享。

展开

优点轰炸

1. *活动介绍*

（1）全体成员按照顺序报数，报到单数的人站在内圈，报双数的人站在外圈，然后两两相对成一组，先是内圈的人向外圈的人介绍自己，时间为1分钟。

（2）对方听了介绍之后，找出其优点或对给你印象最深刻的方面进行赞美，时间1分钟。

（3）由领导者统一下达指令，进行角色互换。

（4）领导者到各小组巡察，予以积极关注。完成的小组举手示意。全部结束时进入分享环节，按组进行分享，一方谈体会，另一方积极回应。

（5）活动结束时要求每一位成员在白纸上给伙伴写一句激励或感谢的话。

2. *讨论分享*

（1）听到别人对你的赞美，你是怎么想的？

（2）赞美别人后，你的心情如何？

（3）通过这个活动，你学会了什么？

3. 注意事项

领导者应该引导成员主动赞美成员，懂得与别人交流、沟通。

4. 预期效果

拉近团体成员的距离，消除彼此之间的隔阂，让他们相处起来更愉快。

寻人行动

1. 活动介绍

（1）"寻人行动"要求成员根据"寻人信息卡"（如下表）上的信息，在10分钟内找到具有该特征的人，进行简单交流后让其签名。

寻人信息卡

序号	特征	签名	序号	特征	签名
1	穿 40 码的鞋子		11	喜欢唱歌	
2	会打乒乓球		12	喜欢红色	
3	有白头发		13	会打篮球	
4	去过北京		14	本地人	
5	身高 172cm 以下		15	冬天出生	
6	七月出生		16	会一种乐器	
7	擅长游泳		17	长头发	
8	戴眼镜		18	已经结婚	
9	补过牙齿		19	会做饭	
10	体重 60kg 以上		20	北方人	

（2）大家交流"寻人信息卡"，看看谁的签名最多。领导者邀请有代表性的成员进行团体交流，如签名最多的和某一特征签名最少的。

（3）交流完毕后，领导者进行信息梳理，请具有同一特征的人站成一排相互介绍与交流。

2. 讨论分享

（1）完成"寻人信息卡"难不难？

（2）怎么样才能快速完成？

（3）在这个过程你学到了什么？

3. 注意事项

（1）在一个栏目中可以签不止一个人的名字，看看谁签的名字多。领导者要对签名人进行确认，防止假、乱信息。

（2）符合同一特征的成员相互交流后，派一名代表做分享。

（3）"寻人信息卡"中的信息根据成员的实际特点可以增减。

4. 预期效果

（1）通过"寻人行动"，让成员学习主动交往。成员可以明白其实勇敢的第一步，总会给人带来意想不到的回报。主动与陌生人沟通，会拥有更多的朋友。

（2）成员在交往中介绍自己、了解他人，发现共同的兴趣爱好，在群体的交流中让人们感受快乐。

爱在指间

1. 活动介绍

（1）将团体成员分成相同人数的两组，一组成员围成一个内圈，再让另一组成员站在内圈成员的身后，围成一个外圈。内圈成员背向圆心，外圈成员面向圆心，即内外圈的成员两两相视而站。成员在领导者的指挥下，做出相应的动作。

（2）当领导者发出"手势"的口令时，每个成员向对方伸出 1～4 个手指：①伸出 1 个手指表示"我现在还不想认识你"；②伸出 2 个手指表示"我愿意初步认识你，并和你做个点头之交的朋友"；③伸出 3 个手指表示"我很高兴认识你，并想对你有进一步的了解，和你做个普通朋友"；④伸出 4 个手指表示"我很喜欢你，很想和你做好朋友，与你一起分享快乐和痛苦"。

（3）当领导者发出"动作"的口令时，成员就按下列规则做出相应的动作：①如果两人伸出的手指不一样，则站着不动，什么动作都不需要做；②如果两个人都是伸出 1 个手指，那么各自把脸转向自己的右边，并重重地跺一下脚；③如果两个人都是伸出 2 个手指，那么微笑着向对方点点头；④如果两个人都是伸出 3 个手指，那么主动热情地握住对方的双手；⑤如果两个人都是伸出 4 个手指，则热情地拥抱对方。

（4）每做完一组"手势—动作"，外圈的成员就分别向右跨一步，和下一个成员相视而站，跟随领导者的口令做出相应的手势和动作。以此类推，直到外圈的成员和内圈的每位成员都完成了一组"手势—动作"为止。

2. 讨论分享

（1）刚才自己做了几个动作？握手和拥抱的亲密动作各完成了几个？为什么能完成这么多（或为什么只完成了这么少）的亲密动作？

（2）当你看到别人伸出的手指比你多时，你心中的感觉是怎样的？当你伸出的手指比别人多时，心里的感觉又是怎样的？

（3）从这个游戏中你得到什么启示？

（4）人际交往中可以通过哪些方式来主动表达对他人的接纳、喜欢和肯定？

3. 注意事项

领导者应引导成员学会表达对他人的接纳、肯定。

4. 预期效果

在人际交往中，我们有一个共同的倾向——希望别人能承认自己的价值、支持自己、接纳自己、喜欢自己，但是任何人都不会无缘无故地喜欢我们、接纳我们。别人喜欢我们也是有前提的，那就是我们也要喜欢他们，承认他们的价值，也就是说人际交往中喜欢与讨厌、接近与疏远是相互的。一般而言，喜欢我们的人，我们才会去喜欢他，愿意接近我们的人，我们才会去接近他；而对于疏远、厌恶我们的人，我们也会疏远或厌恶他。因此在人际交往中，应遵循交互原则。对于交往的对象，我们应首先主动敞开心扉，接纳、肯定、支持、喜欢他们，保持在人际关系的主动地位，这样别人才会接纳、肯定、支持、喜欢我们。

结束

爱的旅途

活动介绍

（1）全体成员排成两列，面对面站立，中间仅留一人可走的通道，领导者站在一端，以它为起点，另一端由几名心理互助员代表相对站立，让每一名成员从起点开起，双手掌心相对置于胸前，闭上双眼，做好准备姿势。

（2）由领导者下达"开始"口令后，成员开始依次缓缓走进只可容一人通过的象征着"爱的旅途"的通道，这时两边的成员齐声不停地喊"×××，我们信任你，我们支持你"的口号，并用手拍拍他的肩，拉他的手，传递着

对他的信任与支持，给予他爱的力量、支持的力量，让他走过这充满着爱的旅途。

（3）最后由一名心理辅导员代表给予一个拥抱，以示欢迎其加入团队。

四、活动总结

为了能让每位成员在团体中更有安全感、舒适感，团体辅导在"可爱的小猫""优点轰炸""寻人行动""爱在指间""爱的旅途"五个活动中展开。在活动的进行过程中，成员们在团体中能够主动地开放自己。在完成有趣的游戏之后，大家围坐在一起，交流自己从刚才游戏中得到的感悟，成员们能够认识到倾听、接纳在人际交往中起到的重要作用。只要主动敞开心扉，从他人优点入手，真诚赞美他人，就能收获真的友谊和温暖。整个活动过程紧凑，气氛和谐，参加活动的成员们以饱满的热情，全身心地投入到各个环节的活动中，能够深入体验活动内容，展现出良好的精神风貌和团队精神。成员们将会感悟到："虽然我们的团队是新组成的，但如果我们主动去了解，主动与团体的成员交往，就会慢慢融入这个团队。"

第五节 学会适应

一、活动概要

适应是个体积极改变自己生存的环境或者改变自己原有的状态，以获得所需的间接满足的过程。适应能力是人类战胜自然、改造社会、改造自己的必备素质。周围的环境是不断变化的，人们必须不断调节自己的行为才能适应这种变化。"物竞天演，适者生存"，这是一条不以人的意志而转移的规律。能面对现实并以积极的态度适应环境，情绪稳定、乐观，能保持良好的心境，是新入监服刑人员心理健康的一个重要指标。

本节中几个团体心理辅导游戏是针对适应环境的一个重要方面——人际交往而设计的。"奇妙的口香糖"作为热身活动，旨在消除成员之间的陌生感和距离感，帮助他们互相迅速适应和熟悉，学习构建和谐人际关系，学习协调互助。"拼图寻找一家人"活动进一步强化合作意识，使成员融入团队合作中，找到团体归属感，并体验合作成功的快乐。"同舟共济"活动让成员对自己和团体之间的关系有一个切身的感受，体验到在团体中的松弛和坦然，克服交往中的紧张与羞怯。"和谐家园"活动通过游戏这种轻松的方式，让每位成员感受团队气氛，培养团队意识，引导成员的心理朝积极健康的方向发展，为他们在"阳光"下快乐地生活奠定基础。以上活动形式和内容都非常简单、易操作，可帮助成员快速建立起良好的人际关系，有助于他们较快地融入新的集体、适应新的环境。

二、活动流程

进程	活动目标	活动内容	时间	活动素材
导入	引入主题：学会适应	1. 领导者致欢迎辞 2. 简要回顾前一单元情况，导出本单元主题	10 分钟	背景音乐、音响
热身	1. 消除队员之间的陌生感和距离感 2. 帮助他们互相迅速适应和熟悉	奇妙的口香糖	20 分钟	背景音乐、音响
展开	1. 找到团体归属感 2. 体验合作成功的快乐	拼图寻找一家人	25 分钟	拼图若干
	1. 体验到在团体中的松弛和坦然 2. 学会克服交往中的紧张与羞怯	同舟共济	25 分钟	报纸若干
结束	1. 让每位成员感受团队气氛 2. 培养团队意识 3. 将团体中习得的知识和经验在日常生活中运用	1. 和谐家园 2. 合唱歌曲《我们是一家人》 3. 活动总结	20 分钟	音响、背景音乐歌曲

三、活动内容

导入

示范指导语：各位成员们，很高兴我们再次在这里相聚，今天我们活动的主题是"学会适应"，希望大家能够在活动中有所成长，学会面对现实并以积极乐观的态度适应环境，保持良好的心境。

热身

奇妙的口香糖

活动介绍

（1）大家双手搭在他人的肩上围成一个圆圈，并随着音乐开始走动。

（2）领导者喊："口香糖。"成员问："黏几个？"领导者说："黏5个。"大家按这个数字迅速聚集，没黏上的为输，接受惩罚进行表演。

展开

拼图寻找一家人

1. 活动介绍

（1）取三张有一定厚度的图片（最好大一点的），根据成员的人数进行裁剪，例如每张剪成不规则的十块，将剪好的图片进行混合。

（2）每位成员发一块，让他们在最短的时间内找到能够与他们组成一幅完整图片的其他人。

（3）在找到后，十个人将图片拼好，放在地上，然后手拉手举过头顶，以示完成。

2. 讨论分享

（1）在这个活动过程中你有什么感受？

（2）怎样快速找到属于自己的群体？

（3）找不到属于自己的群体，你的心情如何？

3. 注意事项

在活动时，领导者可进行适当引导，对成员说："人是社会性的动物，都希望找到属于自己的群体，单独的一个人是很难生存的。因此在不同的环境中，我们都要善于找到自己的团体，善于依靠群体的力量，获得生存和发展的权利。现在，你和你的组员们的手在活动中放在了一起，请珍惜你们的缘分，并善待你们的朋友。"

4. 预期效果

"拼图寻找一家人"为活动营造出轻松愉悦的氛围。在讨论过程中，成员间戒备、孤独等情绪一下子得到释放，他们全身心投入到活动当中，从中感悟到因为一个人的缺失而让家变得不再完整，感受到了个人在家中的重要和价值。

同舟共济

1. 活动介绍

（1）所有成员围成一个圈，按照"1、2、3，1、2、3"的顺序报数，报到相同数字为一组，共分成三组，每组约十人。

（2）领导者说指导语："一场洪水突然来临，你们全部被困在荒岛上，现在你们每组只有一艘船（领导者分别在每组地上铺一张展开的报纸），只有离开荒岛，进入报纸上（至少五秒钟），才能安然脱险，才算获胜。记住，无论用任何方式都可以，就是必须离开荒岛，出现在报纸上。同时，如果在上一轮比赛中失败了，就自动被淘汰，不能再进入下一轮的比赛。"

（3）各组完成后，领导者再请各组将报纸对折，领导者说指导语："现在我们的报纸越折越小，挑战的难度也是越来越大。希望大家不仅要团结一致，有牺牲精神，而且要突破思维的限制，要敢于尝试，大胆想象，排除不可行的方案。各组若有成员被挤出报纸外，则该组淘汰不得再参加下一回合。"

（4）再次将报纸对折，加大活动难度。

2. 讨论分享

（1）当报纸越来越小的时候，你们是怎么做到没有成员被挤出去的？
（2）在这个过程，你有什么感受？
（3）从这个活动中，你学到了什么？

3. 注意事项

领导者要引导成员分享团队合作的力量，还有对于所在集体的感受。

4. 预期效果

唯有通过合作，取长补短，同心协力，才能共同创造团体成功的机会；解

决问题时要突破思维的限制，善于创新。每一位成员都希望自己生活在一个团结、温暖、友爱的集体中，但这需要所有成员共同的参与和努力。只要每一个成员都能够承担起自己的责任，发散出自己的那一份光和热，那么成员也将会在这个集体中有所收获。

结束

和谐家园

活动介绍

（1）示范指导语：相逢是首歌，相聚有缘人，让我们共同在这爱的大家庭中一起成长，共同迎接美好的改造生活。

（2）团体流动成员拉起手围成一个圈，举起双手并齐声高呼："监区是我家，平安你我他；感恩加勤奋，品德最高尚！耶！"

合唱歌曲《我们是一家人》

播放歌曲《我们是一家人》，领导者带领大家一起合唱。

四、活动总结

本单元通过"奇妙的口香糖""拼图寻找一家人""同舟共济""和谐家园""合唱歌曲《我们是一家人》"五个活动，增强了团体凝聚力、团队精神，成员们在团体中产生了归属感。在活动中，成员们积极主动地投入团体中，体验团体成员之间合作成功的快乐。在"同舟共济"活动中，成员们感受团队间有效的配合，克服了与他人交往的紧张感，并主动适应团体。在这个单元中，成员们将会感悟到："在以后的监狱生活中，我们都应该主动去适应团体，为共同的目的以及团队的责任感做好每件事。"

第六节　扬帆起航

一、活动概要

　　对于新入监服刑人员而言，重新唤起生活信心，明确改造目标，是很重要的过程。服刑人员应当明确在服刑期间的改造与自我成长的目标，做好规划，以服从监管、积极改造的实际行动，正确面对挫折人生，尽快适应服刑环境。

　　通过热身活动"扬帆船长"，使小组充满活力，气氛融洽。"成长三部曲"活动，让成员感受人生中，不论是顺境还是逆境，不是一成不变的，学会用平和的心态面对自己的现状，以及尽自己所能，积极改善内外部环境。"我的服刑生涯规划"活动通过让成员做好服刑期间的规划，正视自己的人生，认真思考，努力改掉自己身上的恶习，做一个懂法、守法、对社会有用的合格公民。"爱的祝福"活动，让团体成员感受到团队的力量，互相支持，共同改造。通过参加以上团体辅导活动，使成员们在服刑期间更加明确并坚定自己的目标，放眼未来，规划人生，朝着梦想，扬帆起航！

二、活动流程

进程	活动目标	活动内容	时间	活动素材
导入	引入主题：扬帆起航	领导者介绍本次团体活动的主题	5分钟	背景音乐、音响
热身	调动现场气氛，拉近成员间的距离，以便深入展开接下来的环节	扬帆船长	15分钟	背景音乐、音响

（续上表）

进程	活动目标	活动内容	时间	活动素材
展开	1. 感受人生的顺境与逆境 2. 引导成员相互帮助，相互关心	成长三部曲	25 分钟	背景音乐、音响
	1. 协助成员了解自我 2. 确立发展目标，主动规划未来	我的服刑生涯规划	30 分钟	A4 纸、笔若干
	1. 学会表达与沟通 2. 感受集体的温暖	爱的祝福	25 分钟	A4 纸、笔若干
结束	强化"新家"的温暖	1. 合唱歌曲《永远相信》 2. 活动总结	20 分钟	音响、歌曲

三、活动内容

导入

示范指导语：各位成员们大家好，本次活动的主题是"扬帆起航"，希望大家通过今天的活动能够重新唤起生活信心，明确改造目标，努力拼搏。

热身

扬帆船长

活动介绍

（1）全部的人围成圆圈，先搞清楚坐在自己两旁人的名字。

（2）由其中一人开始，说自己的名字两次，然后再叫另一人的名字，被叫的人就是船长，指出船长的左手还是右手，或双手。

（3）被叫到的船长不用做动作，其左手或右手或双手边的朋友必须马上说"嘿咻！嘿咻！"和做出划船的动作，船长左手边的人，用左手划船，船长右手边的人，用右手划船。若叫到船长双手，则船长左右两边的人都要划船。

（4）再从被叫到的人开始，叫自己的名字两次，然后叫别人的名字，同上述规则，直到有人做错。

（5）如果有人做错，则表演小节目，节目完成后成为新船长，继续活动。

展开

成长三部曲

1. 活动介绍

（1）大家的起始级别为"鸡蛋"，每人随意寻找对象，通过剪、石头、布或者其他猜拳方式与另外一个"鸡蛋"对决。

（2）对决胜利者，即可升级为"小鸡"，输家仍然为"鸡蛋"。

（3）第一轮结束，"鸡蛋"和"鸡蛋"对决，"小鸡"和"小鸡"对决。

（4）第二轮开始，"鸡蛋"仍然为变身而努力寻找另外的"鸡蛋"对决，"小鸡"要寻找另外的"小鸡"进行对决，赢家升级为"雄鹰"，输家降级沦为"鸡蛋"。

（5）第三轮，做法同上，"雄鹰"为了升级，要寻找其他"雄鹰"对决，赢者可升级为"凤凰"，输者沦为"小鸡"。

（6）直到游戏无法进行，只剩下一只"鸡蛋"和一只"小鸡"，游戏结束。

游戏过程中，大家会惊奇地发现：有生以来，大家居然会为自己第一次变成"凤凰"而自豪。有些平时不太起眼的成员，在游戏中很快就变成了"凤凰"，于是兴奋不已。也有些成员经过好几轮才变成"凤凰"，虽然很辛苦，却感觉"凤凰"这身份来之不易。

2. 讨论分享

（1）当你只是一个"鸡蛋"时，你的心情如何？

（2）在活动过程中，你感受到了什么？

（3）当你变成"凤凰"的时候，你的心情如何？

3. 注意事项

（1）活动场地要选择较宽敞的地方，玩起来才会放得开。

（2）领导者应注意活动场面秩序的控制，防止比拼时候发生混乱。

4. 预期效果

成员们通过讨论，将会感悟到：这个游戏其实也是他们人生的缩影。刚刚

开始，他们都在同一起跑线——"鸡蛋"上，通过各自的努力，有些人已经成为"凤凰"，有些还是"小鸡"，有些甚至还停留在"鸡蛋"阶段。可是，时间不是停留的，人也是会发展的。过了一段时间，"凤凰"可能遇到挫折，又变成了"鸡蛋"，而"鸡蛋"却通过坚持不懈的努力，终于成为一只出色的"凤凰"。"鸡蛋"也好，"凤凰"也好，这只是暂时的结果，人还在发展中，关键的是他们在这些变化的过程中的收获。"鸡蛋"变"凤凰"固然开心，开心之余，不要忘了他们是通过怎样的努力才变成"凤凰"的，而又要怎样才能取得更大的进步呢？"凤凰"变"鸡蛋"也不见得是不好的事情，只要不灰心，好好总结失败的经验，吸取教训，避免在以后犯同样的错误，那么，变"凤凰"也是不远的事情了。

无论是"鸡蛋""小鸡"还是"凤凰"，每个人都有不同的定位，每个时间段都有自己不同的扮演角色。一方面，用平和的心态面对自己的现状；另一方面，尽自己所能，积极改善内外部环境。

我的服刑生涯规划

1. 活动介绍

（1）领导者带领成员们进行"改造宣誓"。

改造宣誓范例：我将在这里开始我的服刑生活。我将以服从监管、积极改造的实际行动，为自己所犯罪行负责。我有勇气面对着挫折的人生，我有能力把自己改造成为一个新人。我已做好准备尽快适应服刑环境，我已下定决心在服刑生涯中获得重生。

（2）领导者向所有成员发放纸笔。每人一支笔，一张空白的 A4 纸。

（3）领导者引导成员制定自己今后的改造规划和目标，并要求其独立完成。

2. 讨论分享

（1）我的改造规划是什么？

（2）我为什么会有这个目标？

（3）我想对其他成员说什么？

3. 注意事项

领导者在这个过程要引导成员切合实际地制定目标，并引导成员如何践行目标。

4. 预期效果

明确在服刑期间的改造与自我成长的目标、规划，并在导师的带领下进行入监宣誓，承诺以服从监管、积极改造的实际行动，勇敢面对挫折人生，尽快适应服刑环境，把自己改造成为一个新人，充分表达在服刑生涯中获得重生的决心。

爱的祝福

1. 活动介绍

（1）以整个团队活动中某个人为有缘人，给他写段话，可以是祝福，也可以是对他的认识和感觉，或者是建议。有能力的也可以加入插画，关键要表达爱和温暖，让他看见。

（2）用5分钟的时间完成，然后装入信封，信封上要写上对方的名字，带上你最真诚和温暖的微笑，亲手交给他，交换信封后，给对方一个大大的拥抱，然后两人坐在一起，一起交流。

2. 讨论分享

以自愿或领导者点名的方式，成员代表两两宣读对各自的祝福，并分享感受。

结束

合唱歌曲《永远相信》

播放歌曲《永远相信》，领导者带领大家一起合唱。

四、活动总结

本单元通过"扬帆船长""成长三部曲""我的服刑生涯规划""爱的祝福""合唱歌曲《永远相信》"五个活动，让成员们感受到人生有顺境和逆境，学会平和面对自己的现状。在明确自己当前的位置后，确立发展目标。成员们在五个活动结束后，在团体成员的祝福下，主动规划自己在服刑期间的目标，懂得用监狱纪律来约束自己的言行，在思想和行动上争取进步。

第二章　人际关系

　　有一个小婴孩，第一次闯进一间四壁都镶着玻璃镜的屋子。突然看到很多的小婴孩同时出现，她/他大吃一惊。此时有两种情况：

　　一，小婴孩龇牙咧嘴，大哭大闹，惊慌失措。镜子里所有的小婴孩看起来也都十分惊慌，每个小婴孩的脸上都出现了惊恐的面容。这个小婴孩一看，简直吓坏了，不知所措，越哭越凶，越闹越大，显得非常无助，非常焦躁，小婴孩就这样一直哭泣，哭泣……体力透支，身心俱疲。

　　二，小婴孩嬉皮笑脸，兴高采烈，手舞足蹈。镜子里所有的小婴孩看起来都很愉快，每个小婴孩的脸上都露出了灿烂的笑容。这个小婴孩乐开了花，嘻嘻哈哈，笑声一片，每个笑脸都显得活泼有生气，小婴孩就这样一直欢笑，欢笑……充满活力，身心愉悦。

　　试着对所处的恶劣环境，采用更积极主动的方式来表达心中的善意，结局必会有所改观。

第一节　理论背景

一、服刑人员人际关系团体辅导的心理学理论

（一）人际关系理论

人际关系理论是以人与人、人与组织的关系为指向，通过对事实与感情的区分，培养人们理解、倾听、交往与合作方面的技能，克服机能失调的组织状态（张亚莉，安琨，2000）。服刑人员团体心理辅导除了要达成预定的目标外，还要考虑到服刑人员有不同层次的需求，从人的行为本质和需求中激发动力，通过有效的信息沟通，使团体成员共同发展，以此完成组织目标。

（二）人际沟通理论

人际沟通是指人与人之间运用语言或非语言符号系统交换意见、传达思想、表达情感和需要的交流过程。了解人际沟通理论有助于认识和把握服刑人员团体发展的过程，有效地引导服刑人员的团体发展。

人际沟通是服刑人员适应环境、适应社会生活、承担社会角色、形成良好个性特质的基本途径。因此，良好的人际沟通有助于服刑人员了解信息、自我心理保健、自我认识和协调人际关系。在团体辅导中，良好的沟通有助于表达情感、建立关系、获得理解、增进合作、传递信息和建立信任。

（三）社会学习理论

社会学习理论认为人们通常是通过对他人的行为进行观察和模仿来学习和形成一种新的行为方式，尤其是对人们在社会生活中的各类行为进行观察学习。攻击行为和适应行为都是如此。服刑人员属于一种特殊群体，在他们的人际关系改善辅导中可提供多个学习和模仿的榜样，将有助于服刑人员改变不适应行为。团体辅导为服刑人员创设一种特殊情景，使团体中充满理解、关爱和信任，这种环境将有助于引起服刑人员行为的改变。

（四）团体动力理论

团体动力学的理论基础是勒温的场论，认为团体应该作为一个整体进行研究，即人与环境的整体作用。团体动力学的主要任务是探索团体发展的规律，研究团体的形成与发展、团体内部人际关系及对其他团体的反应、团体与个体的关系、团体内在动力、团体间的冲突等。在团体动力理论的视角下，服刑人员的心理和行为与监狱环境相互作用，若能塑造一个良好的团体氛围，如监狱管理者的良好行为、严格的管理标准及正面的价值观念、有益的团体凝聚力等，则有助于服刑人员人际关系和谐，为团体的利益而相互配合。

二、服刑人员人际关系心理危机

人际关系是指人与人之间通过交往与相互作用而形成的直接的心理关系，它反映了个人或团体满足其社会需要的心理状态。人际关系作为考察心理健康水平的重要指标，在很多领域中得到了重视。国内外相关研究表明，服刑人员多表现出一定的心理与行为障碍。例如，有研究表明，服刑人员的心理健康水平明显低于全国常模，主要表现焦虑、抑郁、恐惧、人际关系敏感等。服刑人员身处监狱，原有的人际关系随着自由被剥夺而受到限制，在这种特殊的法律地位及环境下，他们的人格、认知与情绪等方面与一般人通常存在差异，常表现在服刑人员的心理健康水平出现一定程度的下降。因此，尽快帮助服刑人员适应环境的改变，建立良好的人际关系，这对其自身改造有着辅助作用。

三、服刑人员人际关系心理特点

服刑人员人际关系主要存在以下的特点：

第一，限制性。服刑人员在服刑期间，只能与警务人员、亲属、同犯等进行交往并发生人际关系，交往对象有所限制。

第二，矛盾性。服刑人员被剥夺了自由，但他们仍有各种需求，比如尊重、归属、控制等。由于环境的特殊性，这些需求通常会受到制约，需要与满足之间会产生矛盾。

第三，选择性。服刑人员处于特殊环境中，部分人员可能存在性格缺陷、行为障碍等问题，而他们之间的交往常倾向于利益与情感需求的满足，因此服刑人员的人际关系具有选择性。

第四，表面性。服刑人员由于对人存在戒备，缺少信任，人与人之间的交往停留于表面而不会太亲密。

四、服刑人员人际关系的改善与干预

良好的人际关系直接影响着服刑人员的改造结果和身心健康。根据服刑人员现实生活环境需要和身心发展变化规律，并防患于未然，他们需要注重思想、意志和行为品质的培养，并学会一定的社交技巧，在新的环境中尽快适应并建立新的人际关系。有效的人际关系建立原则有下列几点：

1. 培养良好的心理品质

要保证人与人之间进行正常的人际交往，除了交往的情境因素以外，还需要具备一定的心理品质。促进良好交往的心理品质包括真诚、尊重他人、善解人意、自信、谦虚、谨慎、宽容、助人等，这些是提高交往艺术，取得较好交往效果的前提。具备良好的心理品质，能够增加个体在人际交往中的吸引力。

（1）真诚能使交往双方真心实意、坦诚相待，广结善缘。

（2）尊重他人是一种高尚的美德，是个人内在修养的外在表现，是人际交往的基础，能够有效促进人际吸引。

（3）善解人意即双方能够换位思考，从而改善待人的态度。

（4）自信是个体应付特定情境的能力的评估，能够促使个体积极主动、从容不迫、落落大方。

（5）谦虚是人不夸大自己的能力或价值，从而取长补短，不断自我完善。

（6）谨慎是谨言慎行，保持良好的生活态度和倾向。

（7）宽容是指耐心而毫无偏见地容忍与自己观点或公认的观点不一致的意见，尊重他人的存在方式。

（8）助人是给朋友提供帮助、支持，赠人玫瑰，手有余香。

2. 克服交往中的障碍心理

在人际交往过程中，服刑人员由于不良心态，往往容易造成人际关系难以建立并难以维持的现象。常见的不良心理表现有：羞怯、自卑、猜疑、嫉妒、自负、自私等。

（1）在人际交往中过分羞怯的人，会容易过分约束自己的行为，不能充分表达自己的思想和情感，导致心理负担过重，作茧自缚。

（2）自卑是一种软弱和缺乏自信的表现，在人际交往中畏首畏尾，怨天尤人。

（3）猜疑是会对他人言语过分敏感、多疑，不信任他人，从而容易使双方感情破裂，甚至敌对。

（4）嫉妒是一种对他人冷漠、贬低、排斥或敌视的心理状态，易使人心生恶意，交往关系难以维系。

（5）自负就是过高地估计自己，使人盲目狂妄，容易与朋友渐行渐远。

（6）自私即以自我为中心，以满足自己利益为主，自私自利之人的人际关系容易恶性发展。

3．确立良好的第一印象

根据首因效应，第一印象常常鲜明、强烈，影响深远，有时直接决定着交往发展的深度，是人际交往的基石。如果给人留下真诚、热情、善意的印象，那么交往就有了基础，人际关系就能进一步发展；如果给人一种虚伪、冷漠、攻击的印象，那么容易让他人敬而远之。第一印象常常来自于外部特征，如仪表、言谈、行为等，外部特征常常反映了一个人的内在气质和修养，所以在人际交往中我们需要做到仪态端庄、举止得体、言谈温雅，切勿轻浮粗鲁、夸夸其谈，或过分拘谨。

4．掌握一定的沟通技巧和社交技能

人际沟通不仅是科学，需要我们认真去学习，了解一定的规律和方法，同时也是一门艺术，需要我们用心去体验和感受。有效的沟通方法包括了注意、理解、接受、行动，即认真倾听沟通的信息，理解信息传递的深意，遵循信息的要求，真诚地给予回应。除了注意沟通方法以外，我们还需要学习克制自己的情绪、谨言慎行、调和矛盾等社交技巧。

基于以上四条原则，管理人员对存在着人际交往缺陷的服刑人员，可以通过建立信任感、培养良好性格、角色扮演、倾听和沟通能力训练等方法，使服刑人员学会有效的人际交往方法，加强人际沟通，理智处理各种人际冲突。

第二节　团辅方案

一、性质和目标

1. 团体性质

该团体为封闭式团体。课程中不吸收新成员加入，以保持团体的稳定性。

2. 总体目标

服刑人员属于特殊社会群体，普遍存在人际交往的困惑与障碍，这些问题常常干扰他们的生活与改造，甚至会造成焦虑、恐惧、敌对、失眠等不良现象。服刑人员人际关系团体辅导旨在通过与其他成员的合作交流，学会沟通和信任他人，学习社交技巧，发展人际关系能力，培养服刑人员的责任感、归属感和被信任感，关心他人进而敏锐地觉察他人的感受和需要，更有效地与人交往，更有信心面对生活中的挑战。

3. 具体目标

（1）降低服刑人员的防卫心理，促进成员相互熟悉与了解；建立和谐关系，促进相互信任。

（2）使服刑人员了解沟通的重要性；掌握沟通的技能，学习社交技巧和发展人际关系的能力。

（3）使服刑人员了解到人际交往中冲突是客观存在的；帮助其学会换位思考，善于解决人际冲突。

（4）使服刑人员增强对团队的认同感与归属感，与其他成员形成情感联结；体验团结合作的过程，学会团队合作。

二、成员和时间

1. 团辅对象

具有人际交往缺陷，或存在人际交往困惑，或有意愿改善人际关系的服刑人员。

2. 甄选成员

甄选团体成员的流程可以包括招募、评估、甄选等几部分，这是团体领导者与成员发生互动的最初环节。

团体成员的招募途径主要有三种：一是通过宣传手段，成员自愿报名参加；二是监管人员根据平时辅导情况，选择有共同问题的服刑人员，建议他们报名参加；三是由其他渠道，如监管人员介绍或其他辅导人员转介而来。

招募成员后，一般可通过个别面谈、心理测验和书面报告等方法，从成员的人格特点、心理健康状况、过往经历、动机等多方面甄选团体成员，淘汰不适合参加者，如有明显的性格缺陷、精神问题的人。

根据成员的年龄及背景，团体成员人数多少可视团体辅导的目标而定。以治疗为目标的团体辅导人数不宜多，一般 6 ~ 10 人；以训练为目标的团体辅导人数居中，一般 10 ~ 12 人；以发展为目标的团体，一般 12 ~ 20 人。如果是大团体，可以分成多个 5 ~ 8 人的小团体进行，但小团体中要有协同领导者或者助手，以使团体进程始终沿着团体目标的方向发展。

3. 团辅时间及次数

每周一次，每次 1 小时 30 分钟 ~ 2 小时，共 6 次。

三、人际关系团辅流程表

专题	专题目标	专题活动	活动素材
团体契约	1. 成员之间相互认识，建立人际关系 2. 让团体成员了解团体活动的性质与进展方式 3. 协助成员订立团体规范 4. 了解交往的基本概念，引发个人参与团体活动的兴趣	1. 棒打小老虎 2. 滚雪球 3. 你我心声 4. 心灵之约	用报纸卷成一根纸棒，或用轻巧的吹气塑料棒；写有未完成句子的纸每人 1 张；笔每人 1 支；用于写团体契约书的大白纸 1 张

（续上表）

专题	专题目标	专题活动	活动素材
情系信任	1. 成员之间建立信任 2. 鼓励个人参与团体活动，形成初步的合作意识 3. 促使成员相互接触，体验人际间的坦诚、亲密和信任	1. 我爱我家 2. 盲人足球 3. 信任背摔 4. 信任证言	2个足球（要用含气量不足的足球，这样每踢一下，球不会滚得太远）；1把哨子；两种颜色的眼罩若干；1.3米左右高的桌子1张；捆手布1~2块；体操垫1块；纸每人1张；笔每人1支；信任证言单每人1份
牵手此岸，沟通彼岸	1. 理解沟通在人际交往中的重要作用 2. 体会语言沟通与非语言沟通的重要性与相关要素 3. 提高成员的沟通技巧，促进成员间的合作，强化团体凝聚力	1. 你划我猜 2. 指令画图 3. 洗耳恭听 4. 倾听盒子的声音 5. 沟通练习	你划我猜词汇表；秒表1个；构图相对简洁的画2幅；纸若干；笔若干；"优胜奖""幽默奖"等奖状若干；小纸盒1个
翻滚吧，好性格	1. 引导成员认识在人际关系中受欢迎的个性特质 2. 协助成员检视自己的个性特征，发展受欢迎的特征，克服不良特质	1. 无法分离的无名指 2. 坐地起身 3. 神奇魅力在哪里 4. 人际财富	魅力记录表若干、纸每人1张、笔每人1支
化干戈为玉帛	1. 协助成员改变对人际冲突的消极看法 2. 帮助成员掌握解决人际冲突的基本技巧	1. 雨点协奏 2. 电波传递 3. 解开千千结 4. 人际矛盾AB剧	秒表1块

（续上表）

专题	专题目标	专题活动	活动素材
相亲相爱一家人	1. 团体成员分享心得体验 2. 成员相互祝福，解散团体 3. 评估团体辅导效果	1. 我猜你猜 2. 往事回首 3. 同舟共济 4. 祝福留言 5. 团团圆圆	轻松的背景音乐、报纸若干、心形卡片每人一张、笔每人1支、歌曲《相亲相爱一家人》

第三节　团体契约

一、活动概要

人际问题是社会群体中存在的一个普遍问题，关押在监狱里的服刑人员也存在相应的人际困扰。运用团体心理辅导方式来提高个人的交往能力具有积极意义，有助于服刑人员建立良好的人际关系，提高改造效果和促进心理健康。

本专题通过系列活动，让成员相互认识，活跃气氛，解除成员间的陌生感，并明确团体目标和成员参加团体的动机，帮助成员了解团体性质。具体活动参考目标如下：

1. 了解与理解

（1）认识结交新朋友首先要让别人认识自己，要勇于主动在陌生人面前表达自己。

（2）初步懂得从他人的反馈中认识自己。

2. 学会与尝试

（1）学会在人际交往中，尊重他人，实事求是，诚实守信。

（2）尝试主动认识和关心他人，对有特殊需要的成员给予关注并表示友好。

3. 体验与感悟

（1）体验拥有朋友的幸福感和安全感，体验被人理解的感受。

（2）感悟团体中的温暖和朋友间的信任是需要自己主动去经营的。

二、活动流程

进程	活动目标	活动内容	时间	活动素材
导入	引入主题：团体契约	1. 介绍团队 2. 简要介绍本次活动主要内容	5 分钟	
热身	活跃气氛，让成员尽快进入兴奋状态	棒打小老虎	15 分钟	用报纸卷成一根纸棒，或用轻巧的吹气塑料棒
展开	成员之间相互认识	滚雪球	50 分钟	
	明确团体目标和成员参加团体的动机，帮助成员了解团体的性质	你我心声	20 分钟	写有未完成句子的纸每人 1 张、笔每人 1 支
	协助成员订立团体规范和目标	心灵之约	20 分钟	用于写团体契约书的大白纸 1 张、笔每人 1 支
结束	引导成员理解人际交往的重要性以及交往对自身的意义	1. 作业 2. 活动总结	10 分钟	

三、活动内容

导入

示范指导语：某人问："一滴水怎样才能不干涸？"答曰："将其放入大海之中。"在不同的环境和集体中，我们又何尝不是那滴水呢？你是否已经准备好对身边的朋友说："让我成为你的朋友，好吗？"

热身

棒打小老虎

1. 活动介绍

选一个执棒者站在小组围成的圈中间，由他面对的人开始大叫一个成员的名字，执棒者马上跑到那个被叫的人面前。被叫的人马上叫出另一位成员的名字，如果叫不出，就会受到当头一棒，然后由他执棒。以此类推，直到大家相互熟悉为止。如果一个人三次被打就必须出来表演，作为惩罚。

2. 讨论分享

（1）当你说出对方的名字时，心里有什么感受？

（2）当你没有说出对方名字时，心里又是什么感受？你觉得对方会怎么想？

3. 注意事项

在这个游戏开始时，可能会由于成员之间不是很熟悉，游戏进程相对缓慢，成员会害怕自己叫错别人的名字，执棒者担心自己反应过慢被别人嘲笑。此时领导者可以给予成员以同感和接纳，使成员在了解、支持和接纳的氛围中，不受指责与批评，进而学习如何接纳自己和肯定自己。

4. 预期效果

随着游戏慢慢地开展，领导者善意的指导，成员们能够接纳自己又能接纳别人，团体氛围逐渐变得轻松愉悦，成员之间有了一定程度的认识和了解。在游戏结束时，领导者可以最后点题：对于朋友，要用心去认识、尊重他们，这样友谊才能地久天长。

展开

滚雪球

1. 活动介绍

（1）给每位成员三分钟的时间，思考用一句话介绍自己，包括姓名、来自哪里、爱好。比如，第一个人说"我是来自湖北的、喜欢唱歌的王嘉"，那么第二个人就说"我是来自湖北的、喜欢唱歌的王嘉旁边的来自海南的、喜欢打篮球的赵宣",以此类推。领导者可以先进行自我介绍，作为示范。

（2）按顺时针方向，从某个成员开始介绍自己，要求：

①先用一句话介绍自己，这句话必须包含三个信息：姓名、来自哪里、爱好。

②从第二个成员开始，每个成员在用一句话介绍自己时都必须从上一个人开始讲起。

③在介绍过程中，每位成员都要集中注意力听，努力记住该成员的名字，而且每个人都有协助他人完整表达的义务。

（3）当所有成员自我介绍完后，小组成员可以相互提一个关于个人兴趣或爱好的问题。对于成员提的问题，被提问者可以不回答，但不能说谎。

2. 讨论分享

（1）在刚才的游戏中，你说对了所有人的名字吗？你一共记住了几个人的名字？

（2）你采用了哪些方法来记住别人的名字？（或你为什么没能记住别人的名字？）

（3）当别人准确说出你的名字时，你的内心感受如何？当别人叫不出你的名字时，你的感受又如何？

3. 注意事项

（1）准确地记住他人的名字是与陌生人交往的第一个技巧，因为它表达了你对他人的关心和重视。

（2）记住他人名字的方法：提问法、重复法、联想法等。

你我心声

1. 活动介绍

（1）领导者给每人 1 张纸，请大家思考后认真填写，每个成员独立完成。

填写内容示例：

对我来说，参加团体是＿＿＿＿＿＿＿＿＿＿＿＿＿＿＿＿＿＿＿＿＿

当我进入一个新的团体，我感到＿＿＿＿＿＿＿＿＿＿＿＿＿＿＿＿＿

我信任的人是＿＿＿＿＿＿＿＿＿＿＿＿＿＿＿＿＿＿＿＿＿＿＿＿＿

在团体中，我最担心＿＿＿＿＿＿＿＿＿＿＿＿＿＿＿＿＿＿＿＿＿＿

我期望在团体中＿＿＿＿＿＿＿＿＿＿＿＿＿＿＿＿＿＿＿＿＿＿＿＿

2. 讨论分享

（1）每个成员在团体内向别人讲述自己对团体辅导的看法、期待。

（2）对比观察他人的期望跟自己的期望有何不同？

3. 预期效果

填写未完成句子的方式可以引导成员写出个人的心声，领导者与他人可以从各自的表述中看到每个成员的参与程度、期望、感受，从而相互启发，增进了解，相互接纳，并且可以明确每位成员参加团体的动机和对团体的期望。

心灵之约

1. 活动介绍

（1）领导者说明订立团体契约的原因以及原则。

签订契约是一个协商的过程，通过这个过程能够加强成员与领导、成员与成员之间的沟通，协商体现了团体中所有人的平等参与，是成员在领导者的鼓励下，增强自信心和对团体的兴趣，并使他们了解在团体中的具体行为，清楚团体的真正运作方式及团体对他们的要求，以降低成员紧张、不知所措的情绪。

契约的内容一般包括九个方面：①清楚说明团体目的；②个别成员的目标和在团体中希望获得的一些权益，这些需要与团体的整体目标相配合；③团体运作的方式（例如讨论、游戏）以及成员是否有权随时放弃参与不喜欢的项目；④团体的聚会时间、地点、次数；⑤相关守则、奖惩细则；⑥要求成员对团体有投入感，包括准时到会、不能无故缺席、积极帮助他人等；⑦要求保密，不能随意透露团队信息和他人隐私；⑧确认个别成员若有需要时，能否单独约见团体领导者；⑨清楚说明团体与机构（如监狱等）的关系，团体成员的参与和机构期望需要配合的范围等。

（2）团体成员共同讨论和制定团体规范，如"做到保密，不把团体内的事情说给其他人听"，"仔细倾听，不打断和批评他人的发言"等。然后将其归纳，写在一张大白纸上，形成团体契约书。

（3）每个团体成员在团体契约书上签名，以示自己愿意遵守这些团体规范。

范例：

团体契约书

亲爱的成员：

您好！

欢迎参加本团体！为了保障我们每个团体成员的权益，为了团体顺利地进行，我们需要达成以下契约，请详阅后签名。

（1）理念。本团体的目的是希望你能改善你的人际关系，学会人际交往。经过练习和鼓励，你能学会以有效的方式结交朋友，维持友谊。希望团体成员互相倾听学习，顾全团体，用心体验，真心感受，共同分享，达成共识。

（2）出席。请务必每次都出席，团体需要你提供意见和技巧示范。而且每位成员都参与，团体活动才能有效地进行。如果你不能参加，请和领导者联系。任何成员都有权利在任何时刻退出本团体。但是，如果你考虑退出，请事先和领导者沟通，这样对你是有帮助的。

（3）准时。请务必准时，遵守团队纪律，不迟到，不早退。如果你预计可能会迟到，请先通知领导者。

（4）作业。若上次团体活动有布置作业，每位成员在下次聚会前均须在团体以外的时间练习某些作业，你可以不同意领导者建议的作业，但是一旦同意，请务必完成。

（5）保密。任何一位团体成员须遵守团体保密约定，不得泄露其他成员的身份、资料与分享内容。

我已阅并理解上述信息，且知道我可以询问相关的问题，我同意参与此次团体心理辅导。

团体成员签名：

年　　月　　日

2. 讨论分享

（1）说一说我们的团体目标和个人目标是什么？

（2）我们应该遵循哪些基本原则和规则？

3. 领导点评

在人生的海洋中，我们都需要朋友，没有人能够独自航行。当我们快乐的时候，需要朋友一起祝贺；当我们悲伤的时候，需要朋友的陪伴；即使无所事

事，我们也希望朋友在身边，因为友情让我们的世界充满温暖和幸福。

结束

作业：分发"个人成长日志"，要求每位成员在每次团体活动后及时写下自己的感受与心得。

个人成长日志

姓名		日期		次数	
主题					
问题概述	1. 谈谈你参加本次团体活动的感受？（可以从团体气氛、领导者、其他成员和自身感受等角度进行说明）				
	2. 简单说说你在本次团体活动里的表现，你的人际困惑有了哪些改善？（最好能举例说明）				
	3. 回顾本次团体活动，是否出现了促进你改变和成长的因素？若是有，请你给出较为详细的阐述。				

四、活动总结

团体的创始阶段是一个定向和探索的时期，需要确定团体的结构、促进成员相互熟悉、建立和了解团体的规则、建立信任感、探讨成员的期望、形成团体的规范。在这一阶段，成员们要了解该团体如何发挥作用，确定自己的目标与期望，并寻找在团体中的位置。领导者在开始阶段的一个主要任务是帮助成员充分参与到团体中，促进、鼓励和鞭策成员从团体中获得最大收益。

在此阶段，因为成员通常不清楚哪些行为是团体所期望的，不知道自己在团体中要承担哪些事情，所以，他们会产生焦虑和恐惧，此时需要领导者来明确告诉他们团体中的每个人对团体的发展都有积极作用，团体需要每个人的积极参与和投入。随着活动的逐渐深入，成员关系由表及里，由浅入深，相互认同，相互信任，慢慢形成人际关系和谐的团体氛围。这一阶段活动的选择要遵循以下原则：第一，创造温暖的团体氛围；第二，设计无压力的相识；第三，明确成员期待和遵守团体规则；第四，分享活动应循序渐进。

第四节　情系信任

一、活动概要

古语有云，"民无信不立"，"人而无信，不知其可也"。人际信任是人际交往的一方在"或竞争或合作"的不确定的条件下，预期另一方对自己做出的合作行为的心理期待（张建新，张妙清，2000）。服刑人员间的相互信任，是建立良好人际关系的前提，是监狱管理和生活和谐的润滑剂，有助于提高组织的运作效率。

本期为第二次团体辅导，是团体的过渡阶段。首先，在此阶段，成员互动大多是浅层次的，多数成员不会对当前的感受做出描述，可能会表现出抗拒，甚至可能会向领导者提出异议和挑战。随着成员逐渐充分地信任其他成员和领导者，他们才能逐渐公开袒露，从而减少自己内心的焦虑。其次，该阶段是以消极的评估和批评为主要特征，成员可能对别人采取批判性的态度，又不愿意

了解别人对自己的看法，这些矛盾冲突容易破坏真诚交流的机会。只有当内心的矛盾冲突被认识、被团体接受，并使那些有关的人能够维持他们自身的整体性时，各方之间信任的基础才会建立，所以矛盾是不可避免的，但通过解决矛盾冲突可以增强相互信任。

本期专题通过系列活动，遵循人际交往的由浅入深、由表及里的规律而设计，成员之间可以在活动中增进彼此理解，逐步建立信任感。具体活动参考目标如下：

1. 了解与理解

（1）了解人际关系是人际信任的基础，建立良好的人际关系才能得到他人的信任和信任他人。

（2）理解良好的心理品质和行为能够增加信任。

2. 学会与尝试

（1）学会在人际交往中，以诚待人，相信彼此，悦纳他人。

（2）尝试主动信任他人，并给予感恩之情。

3. 体验与感悟

（1）体验信任他人所带来的温暖和力量，慢慢释怀自己的敌对心态。

（2）感悟被他人信任的美好。

二、活动流程

进程	活动目标	活动内容	时间	活动素材
导入	引入主题：情系信任	导入本次主题团辅	5分钟	音响、背景音乐
热身	增加亲密感	我爱我家	15分钟	音响、背景音乐
展开	1. 建立小组成员间的相互信任 2. 促进沟通与交流 3. 培养团队合作精神	盲人足球	10分钟	2个足球（要用含气量不足的足球，这样每踢一下，球不会滚得太远）；1把哨子；两种颜色的眼罩若干

（续上表）

进程	活动目标	活动内容	时间	活动素材
展开	1. 建立团队内部的信任感，理解信任、承诺的重要性和力量 2. 增强自信和自我控制 3. 学会换位思考，更好地理解他人	信任背摔	30分钟	1.3米左右高的桌子1张；捆手布1～2块；体操垫1块
	1. 探索团体成员间的信任度 2. 创造信任回馈的机会，明确团体成员间的人际关系	信任证言	50分钟	纸每人1张、笔每人1支、信任证言单每人1份
结束	加深理解、体验和感悟本期团辅目的	1. 作业 2. 活动总结	10分钟	

三、活动内容

导入

　　现在是一个共享时代，共享资源，共享网络，共享知识。2016年年底以来，国内共享单车突然火爆起来，各大城市路边排满各种颜色的共享单车。在2017年7月20日，据法制晚报报道，由于北京东二环护城河广渠门水位不断下降，卧躺在河道内的共享单车重见天日。据初步计算，不足百米的河床上，一共堆积了76辆共享单车，随后经打捞发现，这些车辆没有任何损伤，但因长久泡在水中导致无法正常使用。事实上，人为故意损坏共享单车已经不是个案，用户故意给车辆上锁、刮掉二维码、拧掉自行车座、偷盗共享单车据为己有等现象屡见不鲜。这些现象不正是国民信任遭遇共享单车的挑战吗？

　　众所周知，信任是人际交往的基本原则之一，也是维系一个社会正常运转的重要基石。如果现实生活中，劣质食品、商业敲诈、碰瓷等现象屡屡冲击社会的信任度，失信情况越来越多，就会造成信用危机，影响国家的经济发展以及普通人的日常生活。试想一下，如果共享信任，我们的生活会不会变得更美好呢？为了加强人际间的信任，本期设计了系列活动，以帮助成员了解信任的重要性，让成员认识到信任能够帮助我们建立良好的人际关系，使成员认同诚信是为人处世的重要原则，诚信意识要随时具备，诚信行为要从小事做起。

热身

我爱我家

1. 活动介绍

（1）首先指导大家手拉手围成一个大圆。

（2）听开始指令："开始走动"；听结束指令："3 人才有家"。

（3）找到家的人继续围圈，"无家可归"的成员暂时退出游戏。

（4）更改数字继续游戏 2～3 次。

2. 讨论分享

（1）当你"无家可归"时，心里是什么感受？

（2）当你一直生活在家的温暖怀抱，但是看到其他成员找不到家的时候，心里又是什么感受？觉得对方会怎么想？

3. 领导点评

我们每个人都有爱和归属的需要，这既是交往的结果，又是进一步交往的推动力，我们每个人不要漠视这种亲社会的需求。我们应该大胆地向亲人、朋友、爱人表达对他们的爱和需要他们的关怀。如果一味表明"我独自一个人也是可以的"，这样会容易让身边的朋友忽视自己的感受。所以，要学会与人相处，感受亲情、爱情、友情的温暖。

4. 注意事项

在这个过程中，成员需要回忆在活动中自己的感悟体验并将它用语言表达出来。大多数"无家可归者"会谈到"孤独、失落、被抛弃、难过"等，此时领导者需要达到及时共情，并对"无家可归"者予以正确的引导，让这些人明白"只要你愿意积极参与，哪里都是家"；而"拥有幸福家庭"者大多会表达"温暖、幸福、安全、有力量"等，领导者可以给予肯定，让这些人理解"家"所带给我们的温暖。领导者可以多次变换人数，让成员有机会去改变自己的行为，积极融入团体，让每个成员体验有家的感觉，体验团体的支持，从而更加愿意与团体在一起。

5. 预期效果

使成员们了解良好的人际关系是需要自己主动参与的；理解良好的人际关系能够帮助自己提高学习、生活、工作的质量，为自己带来快乐；尝试主动参与到活动中，学会调整自己的心态；体验人际关系的重要性，感悟自己的封闭可能会给自己带来伤害。

展开

盲人足球

1. 活动介绍

（1）留出 2~3 个人做监护员。监护员的任务是负责安全问题，同时兼任仲裁。把其他的队员带到场地中间，平均分成两组，每个小组的总人数为偶数。

（2）每个队员在自己的小组内找一个搭档。

（3）根据眼罩的颜色给两个小组命名。例如，如果是黄色和绿色的眼罩，那么把一个队称为黄队，另一个队称为绿队。把黄色的眼罩发给黄队，绿色的眼罩发给绿队。确保每对搭档拿到一块眼罩。每对搭档中只有一个人戴眼罩，另一个人不戴。

（4）告诉大家："我们即将进行一场别开生面的足球赛。每对搭档中，只有被蒙上眼睛的队员才可以踢球，并且只能轻轻地踢，球也不能离开地面，要顺着地面滚动。他的搭档负责告诉他向什么方向走、做什么。"

（5）详细解释游戏规则。要求那些被蒙上了眼睛的队员保持类似于汽车保险杠的姿势——弯曲双肘，手掌向外，手的高度与脸齐平。在发生意外碰撞时，这种姿势有助于避免或减轻对身体上半部的伤害。负责指挥的队员不允许碰自己的同伴，只能通过语言表达指令。这场球赛中没有守门员，每个队踢进对方球门一个球得一分。任何一队进球后，裁判都要把球拿回场地中间，重新开始比赛。不允许把球踢向空中，任何时候球都是在地面上滚动。如果某个队员踢了高球，裁判会暂停比赛，并把该队员罚下场一段时间。如果球被踢出界了，裁判负责将球滚回场地。除此之外，没有其他的关于出界处理的规则。比赛一共进行 10 分钟，中间休息，交换场地。

（6）宣布完游戏规则之后，让两个小组用投掷硬币的方法选择场地。场地定好后，把两个球放在场地中间。然后吹哨，开始游戏。用两个球意味着比赛中每个队一个球，各自为多得分而奋斗。

2. 讨论分享

（1）哪个队取得了最终的胜利？

（2）哪些因素有助于最终取得胜利？

（3）被蒙上眼睛的队员感受如何？

（4）指令的清晰度如何？哪些方面还有待改进？

（5）这个游戏对我们的实际工作有何启发？

3. 注意事项

在游戏过程中，首先，确保那些被蒙上了眼睛的队员保持类似于汽车保险杠的姿势。其次，不允许把球踢向空中，也不许猛踢，因为这非常容易导致队员们受伤。最后，在中场休息的时候，成员可以让每队搭档交换角色，即蒙上负责指挥的那个队员的眼睛，让原来被蒙着眼睛的队员指挥。如果参加人数较多，可以考虑用 3~4 个球。

被蒙住眼的成员内心可能会存在对同伴不信任的心理感受，而负责指挥的成员可能也会因为自身的责任而产生心理压力，此时领导者可以帮助成员认识自己的焦虑、矛盾和挣扎，并协助其表达出来，帮助成员明白自己的保护行为和心态。还可以在游戏进行时，让成员随时觉察自己此时此地的感受和状况，并表现出能够促进团体成员的自我开放及真诚的互动。

信任背摔

1. 活动介绍

（1）游戏开始之前要求所有成员摘下眼镜以及身上任何尖锐和硬的物品，并把口袋掏空。

（2）选一名成员（如 A）站在一张 1.3 米左右高的桌子上向后倒，一名成员作为监护员，其余成员（至少应在 10 人以上）负责承接后仰者。他们两两相视而站，按个头高低在桌子前排成平行的两列，队列与桌子成垂直角度。每位成员向前伸直胳膊，掌心朝上，放在对方的双肩上，形成一个安全的承接区。为确保后仰者的安全，必须在承接区铺上较厚的体操垫。

（3）领导者站在桌上，用捆手布将后仰者的手捆住，然后用手抓住捆手布。一切准备就绪后，后仰者喊："你们准备好了吗？"台下成员高声回答："准备好了！"领导者听到回应后，发出"一、二、三、倒"的指令，并松开捆手布，后仰者应声向后挺直倒下，其他成员则竭尽全力平稳地接住 A。并用"放腿抬肩法"将其平稳放下。

（4）每位成员轮流充当后仰者和承接者。尽量要求每位成员参与，但有心脏病、高血压、手脚有外伤者和严重腰伤者不能参加。

2. 讨论分享

（1）倒下的那一刻你害怕了么？你相信其他成员会稳稳地托住你么？倒下的时候你的身体是弯曲的还是挺直的？

（2）你现在的感觉是什么？

（3）你从这个游戏中学到了什么？

3. 注意事项

在做游戏之前，需要注意以下几点：

（1）要求所有人必须摘掉手表、戒指及带扣的腰带等尖锐物品，并掏空衣兜里面的东西。

（2）背摔台下垫上较厚的体操垫，并安排好安保人员。

（3）领导者站在背摔台上指导每一位参与者的实训过程。

（4）鼓励每一位成员都去挑战一次。

（5）身体有不适、体重过重、手脚受伤或病痛、腰部疾病、高血压等人员不参加该活动。

在游戏过程中，跳台上的成员很容易紧张、害怕，此时领导者应该给予该成员支持鼓励，让成员能够正确看待自己，相信自己，相信他人。也会有部分成员不愿参与该游戏，此时，领导者可以和成员公开坦诚地沟通，让成员自己决定自己该如何做。

在游戏结束后，领导者应对所有人共同努力完成项目表示鼓励与肯定，对活动中存在的问题进行回顾和感悟，尤其是那些起关键作用的成员；让成员理解完成任务的关键是需要所有成员共同协商，共同信任。

信任证言

1. 活动介绍

（1）请每位成员描述印象最深的童年经历（2~3分钟），每一个成员都需要讲。

（2）领导者指导成员讨论如下问题：什么情形会引起你的害怕？你希望在将来会有什么样的生活情形出现？什么事情能使你快乐？你想努力做什么？

（3）领导者要每个成员脱掉一只鞋，摆在团体外围的地方，每个成员沿着指定的地方，一个挨着一个将鞋放下，在一张纸上写上自己的姓名并放在鞋子的前端，以便辨认。

（4）领导者发一支笔和一份信任证言单给每个成员，并让成员花几分钟时间熟悉信任证言单的内容。

（5）每位成员在信任证言单上填一位他最信任的成员的姓名，并挑出最能说明他对这一位成员信任程度的五个句子，在信任证言单相应的题号上画圈，并签上自己的姓名。

（6）将写好的信任证言单放进那个成员的鞋里，每个成员均须为其他成员写，所选择的句子可以重复。

（7）当每个成员均将写好的信任证言单放完后，可各自取回已放有信任证言单的鞋子。每个成员读出其他成员写给自己的信任证言单。

（8）每个成员在团体中对自己所得的信任证言单进行回应，而且可请求团体中相应的成员对回应予以反馈。

（9）领导者带领团体讨论活动的目标和经历，也可以就信任证言单的任何句子作为谈话主题。

2. 讨论分享

在本次活动中你最大的收获是什么？为什么？

3. 领导点评

随着活动的深入，你们在不同的团体活动中进一步地相互接触和了解，人与人之间的感情也在慢慢地培养。在互动和交流中，你们之间能逐渐建立起相互信任和接纳的关系，分享着彼此的欢声、笑语和泪水。记住"分享喜悦是加倍的，分担痛苦是减半的"。

信任证言单

在下列信任条目中选择五个最适合对方的条目，并在相应题号上划个圈。

送给： （对方姓名）

（1）我信任你：会与我分享你的快乐。

（2）我信任你：替我保管钱。

（3）我信任你：在我不舒服的时候会照顾我。

（4）我希望你：会告诉我别人的感受。

（5）我信任你：会在我某些方面无能为力时协助我。

（6）我希望你：会在我需要你的时候，给我帮助。

（7）我信任你：会与我保守约定。

（8）我希望你：会在我犹豫不决的时候，给我勇气。

（9）我希望你：会与我分享某些好运。

（10）我信任你：对我最真诚。

（11）我信任你：不会在我缺席时说我的闲话。

（12）我信任你：会保守我与你坦诚分享的秘密。

（13）我信任你：能告诉我你所爱的一切。

（14）我信任你：会成为生活中很独特的朋友。

（15）我信任你：会还我借给你的东西。

（16）我信任你：会还我借给你的钱。

（17）我信任你：当我生病的时候亲自照顾我。

（18）我信任你：会完成我交付给你的事情。

（19）我信任你：当我感到痛苦时，能设法给我安慰。

（20）我信任你：会自如地给我你的友善。

（21）我希望你：当我需要时，会给我情绪上的支持。

（22）我请求你：在人际关系上给我忠告。

（23）我希望你：能与我共度某些美好时刻。

（24）我信任你：我会与你分享我的秘密。

（25）我信任你：我毕生信任你。

（26）我希望你：与我说话，即使是一句，也会让我觉得很舒适自然。

（27）我信任你：所说的都是实话。

（28）我信任你：会是很好的倾听对象。

（29）我信任你：对重大事件的观点。

（30）我希望你：明确表达你对我的支持。

（31）我信任你：会分享、接受我对你的任何感受。

（32）我信任你：会让我与你分享我的某些经验。

（33）我信任你：会伴我度过困境。

（34）我信任你：会机智地代表我处理紧急事情。

我是：＿＿＿＿＿＿＿＿（签名）

结束

作业：

（1）跟自己的身边朋友交换一个秘密，并在可能的情况下，帮助其实现一个愿望。

（2）分发"个人成长日志"，要求每位成员在每次团体活动后及时写下自己的感受与心得。

四、活动总结

信任是一种复杂的社会与心理现象，处于封闭环境的服刑人员更是难以相互信任。因此，本期团体活动的主题围绕着"情系信任"开展，提高服刑人员回归社会的安全感和人际信任水平，从而帮助他们更快、更好地适应监狱生活以及未来的现实社会生活，并对未来充满信心。

本期专题主要设计了四个活动，通过"我爱我家"活动活跃气氛，开启本次活动的信任之旅。"盲人足球"和"信任背摔"是一个递进的过程，两个游戏同是考察了成员之间的信任，从人与人之间的信任到人与团体间的信任，逐步推进，同时也让成员间的人际交往有了一个循序渐进的过程。最后的"信任证言"是一个总结活动，成员们在活动中相互接触，不断了解，他们的情感在变化，他们的关系在改变，他们的信任在加固。

值得注意的是，团辅活动不是领导者说说道理就能收到很好的效果，活动应以成员讨论为主，让成员参与、训练、体验、领悟，从角色扮演中领悟到人际交往的一些基本道理和基本方法。让成员们明白人际交往与人际信任密不可分，了解敞开心扉、真诚待人、主动交往的重要性。

第五节　牵手此岸，沟通彼岸

一、活动概要

人际沟通是指人与人之间运用语言或非语言符号系统交换意见、传达思想、表达感情和需要的交流过程，是人们交往的一种重要形式和前提条件。人们通过沟通传递和交流各种信息、思想、观念和情感，避免产生不必要的麻烦和冲突，满足个体的社会需求。所以，沟通对个人和团体都是很重要的。

本期活动是团体辅导的人际沟通阶段，该阶段的主要内容是帮助成员学习有效的沟通技巧。人际沟通阶段的团体有很强的凝聚力，沟通顺畅，团体氛围充满信任、理解和真诚。团体领导者可以通过鼓励、示范、对质、解释等技巧鼓励成员探索个人的态度、感受、价值与行为，学习和实践沟通技巧。人际沟通是个体适应环境、适应社会生活、承担社会角色、形成健全个性特质的基本途径。因此在团体辅导过程中，良好的沟通能发挥表达情感、建立关系、相互理解、齐心协力、彼此鼓励、传递信息的功能。本节专题通过系列活动，让成员了解沟通的传递信息和心理保健的功能，实现自我认识，学会换位思考，协调人际关系。具体活动参考目标如下：

1. 了解与理解

（1）了解人际沟通不仅是科学，需要掌握一定方法和规律，同时是一门艺术，掌握得当有助于消除导致沟通障碍的不利因素。

（2）理解如何有效地利用沟通技巧改善人际关系，增强人际吸引力。

2. 学会与尝试

（1）学会培养良好沟通的心理品质（真诚、热情、自信、谦虚、宽容、助人、理解等）。

（2）尝试克服沟通中的心理障碍（羞怯、自卑、猜疑、嫉妒、恐惧、厌恶、自负、依赖等）。

（3）确立良好的第一印象，懂得利用支持性的共同行为。

3. 体验与感悟

（1）体验有效的沟通给自己和他人带来的改变和促进作用，增进自我了解和他人了解。

（2）感悟在协调人际关系中获得成长所提供的具体方法和技巧。

二、活动流程

进程	活动目标	活动内容	时间	活动素材
导入	了解人际沟通是一个双向的过程	1. 寓言故事解说 2. 你划我猜	15分钟	你划我猜词汇表、秒表1个
热身	理解双方要有及时的信息反馈，沟通才更有效	指令画图	15分钟	构图相对简洁的画2幅；纸每人2张、笔每人1支

（续上表）

进程	活动目标	活动内容	时间	活动素材
展开	学会倾听，掌握倾听技巧	洗耳恭听	20 分钟	纸每组 1 张；笔每组 1 支；"优胜奖""幽默奖"等奖状若干
	实践倾听技巧	倾听盒子的声音	30 分钟	纸每人 1 张、笔每人 1 支、小纸盒 1 个
	学会沟通	沟通练习	30 分钟	
结束		1. 作业 2. 活动总结	10 分钟	

三、活动内容

导入

在第 50 届金马奖颁奖晚会上，郑裕玲和黄渤共同登台颁奖。郑裕玲首先拿黄渤的造型"开涮"："今天晚上你穿的是睡衣吗？"她称自己因为五年没来金马奖，所以这次特别盛装出席。黄渤立马机智回答说："你五年没来，这五年我一直都在金马奖。所以我已经把金马当成了自己的家，回到家里穿什么，对不对？"随后，金马奖主持人蔡永康发话："这（金马奖）是我家，不是你家。"黄、郑二人听闻后，有些尴尬。此时镜头转向观众席，只见刘德华面露担忧之色，他旁边的张曼玉也失去了笑容。然而黄渤气定神闲地说道："其实你不是一个人在战斗，刚才还有一匹马跟你一起。（意指蔡康永的红毯造型，他的衣服上缝了一匹巨大的马）我只看过人骑马，头一次看到马骑人呢！"观众立刻爆发出雷鸣般的掌声，刘德华更是大笑着用力鼓掌。

黄渤在台上的表现机智幽默，体现了其良好的沟通技巧和个人素质修养，不仅化解了尴尬的场面，同时获得了他人的好感。在人际交往过程中，沟通占据重要地位，良好的沟通能够让我们消除误会，化解矛盾，同时能够促进人际和谐。接下来，让我们一起探索沟通的奥秘吧！

你划我猜

1. 活动介绍

（1）两人一组，自由组合，两人面对面地站着，一人可以用手势做出动作，或者用其他句子来形容，另外一个人猜词语。

（2）负责比画的人不能说出包含所猜的词中的任何一个字（读音相同亦不可），不能说拼音或英文单词。

（3）任选一组词语，共 10 个词语，在一分钟内猜对词语数量最多的获胜。最多只能跳过三个词语。

范例：

①照相机、包子、诸葛亮、捧腹大笑、微波炉、猴子捞月、钢笔、游泳、蛇

②地毯、花卷、猪八戒、泪流满面、洗面奶、井底之蛙、橡皮、登山、猴子

③音箱、汤圆、孙悟空、哈哈大笑、手提包、守株待兔、书包、武术、老鼠

④摩托车、豆浆、林冲、笑里藏刀、餐巾纸、揠苗助长、剪刀、拳击、大象

⑤洗衣机、水饺、林黛玉、屁滚尿流、口红、亡羊补牢、话筒、体操、熊猫

⑥饮水机、核桃、曹操、手舞足蹈、香水、狐假虎威、手机、跑步、兔子

⑦空调、山楂、贾宝玉、眉开眼笑、洗洁精、掩耳盗铃、芭蕾舞、打篮球、老虎

⑧冰箱、桃子、周瑜、唉声叹气、电饭煲、杯弓蛇影、太极拳、踢足球、麻雀

⑨桌子、香蕉、武松、心如刀绞、唇膏、金鸡独立、新华字典、摔跤、八爪鱼

2. 讨论分享

在游戏中，你有什么感悟或者体会？

3. 注意事项

在游戏开始时，领导者需要向成员解释清楚游戏规则，避免错误理解；在游戏过程中，领导者可以让未参赛的选手认真观察并思考比赛选手的表现，而

不是在一旁制造干扰；比赛过程中，参赛者可能会因为放不开而导致气氛沉闷，此时领导者可以给予适当鼓励，让参赛者大胆表达；在总结阶段，领导可以引导成员明确沟通的重要性，沟通是人际交往中必不可少的有效途径。

热身

指令画图

1. 活动介绍

（1）请一位成员上来担任指令员，给他看事前准备好的一张图（如图1）。告诉其他成员，这位成员将为他们描述这张画的内容，请他们按照这位成员的描述把内容画出来。请指令员背向大家站立，避免与别人的眼神和表情交流。他只能做口头描述，不能有任何手势或者动作。其他成员也不能提问，一切听从指令员的指挥。

（2）活动开始。画画完毕后，指令员将手中的画展示给大家看，让大家看看自己的图画是否正确。

（3）再请另一位成员上台做这个游戏，领导者出示另一张图（如图2），重复上述游戏，但这次允许大家双向交流，看结果如何。

图1　　　　　　　　　图2

2. 讨论分享

（1）为什么两次画的结果会出现如此大的差异？为什么单向交流会如此困难？即使是双向交流也会有人出错？

（2）在游戏中，你有什么感悟或者体会？

3. 领导点评

人际沟通是一个双向的过程。有时候你所表达的并不一定就是别人所理解的，你所听到的未必就是别人想表达的。沟通并不是一件简单的事情，需要双方不断反馈、调节沟通方式，才能达到沟通的最佳效果。

展开

洗耳恭听

1. 活动介绍

分小组进行讨论"可以运用哪些言语技巧和非言语技巧来表达你在认真倾听"。当领导者宣布开始时，每个小组派一人记录，其他人出主意，相互启发，集思广益，列举各种可能的方法。当领导者说"停"时，每个小组把自己的意见写在纸上，再贴到墙上，然后选一位代表解释这些方法。全体成员一起讨论，看哪个小组方法最多，可以获"优胜奖"，哪个方法最实用、最幽默、最有想象力，可以评为"幽默奖""实用奖""认真奖"等。通过评比，帮助成员选择在交往中最适合运用的方法，拓宽思路，群策群力。

2. 讨论分享

（1）当别人认真听你说话时，你有什么感受？当别人不认真听你说话时，你又有什么感受？

（2）倾听有哪些技巧能够促进人与人之间的沟通？

3. 领导点评

本次活动主要采用的是"脑力激荡法"，让成员了解别人的意见，扩展自己的思考空间，培养团体合作精神，发挥集体力量寻找解决问题的多种方法及途径。在团体讨论期间，领导者需要暂缓批评，不立即作任何优缺点的评价，鼓励成员多多发言，自由联想，巧妙利用他人的构想，并记录所有被提出的意见。

4. 倾听技巧归纳总结

（1）倾听的言语技巧

①寻找共同点。例如寻找共同爱好、共同看法，从而使对方认同自己。比如说都是健身爱好者，喜欢看电影，喜欢吃美食，老乡等。如果出现毫无诚心、随口胡编、不尊重别人的隐私等行为，则会影响自己的人际交往。

②共情。从对方的角度看问题，能设身处地考虑问题，并在交往过程中把这种体验用语言或非语言的方式传递给对方。试想，如果在交流过程中，能处处体会到对方的心情，能设身处地为对方着想，又怎么会不受欢迎呢？

③真诚地赞美。人们都希望得到欣赏和赞美，这是人的一种心理需求，因此称赞别人，会使自己赢得不少朋友。真诚地赞美才能获得朋友的真诚相待，

阿谀奉承、拍马屁都是虚假的。想要获得别人的真诚，需要我们用真诚的微笑去接纳别人，并且拥有真正的爱心，同时要勇敢地说出赞美之词。赞美是一种行为，需要我们用心去学习。

④幽默。幽默是一种态度，培养自己幽默的性情，能使人心情愉悦，压力减轻，在人际交往中也能提升好感。如何培养幽默特质呢？要认识到幽默是一种特质，我们可以后天培养；积累幽默素材；保持愉悦的心情。

⑤变换回答的方式，不要总是回答"嗯、嗯、嗯""对、对、对"等；适当地插入提问，或要求对方进一步补充说明，表达对对方所说内容的兴趣和理解等。

（2）倾听的非言语技巧

①目光接触。直接的目光接触表明你对双方交流感兴趣，期望继续交流，同时目光能够形成沟通之间的互动，表达人的情感。

②面部表情。利用积极的面部表情和头部运动，如微笑、点头、扬眉等，面部表情随对方所说内容而发生变化。

③体态语言。如身体面向对方，并适当地前倾，使对方感觉你在洗耳恭听；停下手中正在做的事；避免双手交叉在胸前，保持开放的姿势，表达对对方话题的接纳态度等。

④触摸。触摸被认为是最有力的人际沟通方式，人在触摸或身体接触时对情感融洽体会最为深刻。隔阂的消融，深厚的友谊，也常常要通过身体接触才能得到充分的表达。团体进行过程中成员之间互相握手、搀扶等行为，往往起到"此时无声胜有声"的效果。

倾听盒子的声音

1. 活动介绍

（1）请每位成员观察团体中其他成员的良好倾听行为，并把它们写在纸条上，放入小纸箱内。要求：

第一，只允许记好的行为，不允许记不好的表现。

第二，写清楚被赞扬成员的姓名。

第三，允许记录多个成员的良好倾听行为，只要成员认为其他某个成员在倾听的某个方面做得好就可以把它写下来。

（2）领导者当众宣读纸条的内容，以激励每位成员今后在团体中自觉练习倾听技巧。

2. 讨论分享

在本次活动中，你有什么收获？

3. 注意事项

开放的活动，可以帮助领导者处理成员不信任自己及他人的各种表现，如不积极主动、不愿表达自己的真实看法、害怕别人谈论自己等，领导者适时运用分享活动，成员的自我开放程度会加深扩大，有利于成员自我表露，相互认同，促进人际交往。

此外，本活动可以让成员相互真诚地赞美别人，去发掘别人的长处，用语言表示出内心的欣赏和认同，从而营造良好的人际氛围。在活动过程中引导成员理解语言是沟通的主要工具，语言表达不好会直接影响彼此的关系。除此之外，沟通的态度也是一种表达艺术，对人尊重、真诚、态度平和，可以使沟通气氛和谐，双方乐于交流。反之，如果态度恶劣粗暴或语气生硬，则会给对方造成厌恶感，导致双方产生矛盾。

沟通练习

1. 活动介绍

请每位成员谈谈：当你的朋友向你倾诉他的烦恼时，一般你会作何反应？并简要说明你做出这样选择的理由。例如：

朋友向你倾诉："我最近倒霉透了，谈了两年多的女朋友居然把我给甩了。哎，我真想一死了之！"

你会如何回答？

A. 你怎么这么想，一次失恋就成这个样子，也太没出息了。

B. 哎，是挺倒霉的。你再想想有没有什么跟她和好的办法？

C. 我比你更倒霉呢，我都被人家甩过两次啦。

D. 不用这么难过，俗话说得好，天涯何处无芳草，改天我帮你介绍一个更好的。

E. 谈了两年的女朋友居然和你分手了，你一下子接受不了这个事实，所以觉得活着没意思了。

2. 讨论分享

（1）怎样才能达到有效地沟通？

（2）良好的沟通与不良沟通有什么区别？

3. 领导点评

营造良好人际关系需要三种基本态度，即真诚、共情、无条件积极关注。

（1）真诚，即真实诚恳。真心实意，坦诚相待，以从心底感动他人而最终获得他人信任。人际沟通的关键在于让你的朋友感觉到，你的态度是真诚的，你是在认真地听他说话，而且理解了他的意思，理解了他的心情。

（2）共情，也称为设身处地地理解、同感地理解等。辅导者能够理解当事人的情感，就好像自己的情感一样，但是并不迷失在这些情感中。正确敏锐的共情不只是认识当事人所表达的明显的体验和情感，而且也能明显感受到当事人不明显、不清晰的情感。

（3）无条件积极关注表现为辅导者看中当事人并亲切地接纳他而不附加任何条件，没有任何要求和企图，不对当事人的感情、思想与行为的好坏强加评估或批判。如果辅导者对当事人表现出不喜欢的态度，当事人就会因感到不被重视而逐步增加防卫，那么也就无利于人际关系的改善。

满足以上的条件，一种平等的良好的人际关系就出现了。在团体中当成员因为体验到他人是以接纳的态度聆听，就慢慢学会如何以接纳的态度聆听自己，聆听他人；当成员发现他人关心和看重自己时，他也会开始看重自己和他人，去除伪装，构建良好沟通。

以上案例的几个答案中。只有回答 E 最为恰当，但很少人会选它。因为它只是用自己的话把别人所说的内容简要地翻译了一遍，这种沟通就是集真诚、共情和无条件积极关注为一体的同理心（或换位思考）。很多人都有好为人师的倾向，误以为朋友向自己倾诉就是需要自己帮他出主意，因此在沟通中急于用自己的感受代替别人的感受，急于表达自己的意见或提出劝告。事实上只有倾诉者才最清楚自己需要的是什么，才能为自己的行为作选择，通过倾诉，人们希望寻求的只不过是一种关心、理解和心理支持。而换位思考恰好可以满足对方的这种心理需求。因此，把对方所说的意思简要地反馈给对方，就是最简单但是又十分有效的人际沟通小窍门。

结束

作业：

（1）将所学的倾听技巧、沟通技巧运用到实际生活中，并用心感受自己人际关系的改变。

（2）分发"个人成长日志"，要求每位成员在每次团体活动后及时写下自己的感受与心得。

四、活动总结

团体辅导过程就是人际沟通的过程。在人际交往的过程中，朝夕相处的朋友陪伴我们一起唱响动人的生命之歌。然而，歌声中有时会出现一些不和谐的音符，朋友之间会因为沟通不善而出现隔阂，让本来美好的相伴留下种种遗憾。通过本次活动，成员能够掌握一些有效的人际沟通方法，同时理解良好的沟通不是单向的，而是一个双向的过程，在交往过程中要有及时的信息反馈，才能让沟通有效进行。

1. 沟通步骤

有效沟通通常包含四大步骤：注意、理解、接受、行动。

（1）注意：接收人认真倾听沟通的信息。

（2）理解：接收人能够掌握信息的含义。

（3）接受：接收人同意或遵循信息的要求。

（4）行动：根据信息要求采取措施。

2. 良好沟通十诫

（1）沟通前先明确概念。

（2）明确沟通的真正目的，希望得到什么。

（3）考虑沟通时背景、环境及条件。

（4）重视双向沟通，正确理解。

（5）沟通中运用通俗易懂的语言，条理清晰，注意非语言的表达。

（6）认真倾听对方讲话。

（7）善于提问，厘清问题。

（8）言行一致，心平气和，感情真挚。

（9）及时反馈。

（10）不仅要着眼于现在，更要着眼于未来，不要只顾一时满足。

第六节　翻滚吧，好性格

一、活动概要

俄国诗人屠格涅夫有一次外出，遇见一个乞丐伸着枯槁的手向他讨钱。屠格涅夫把手伸进口袋，忽然发现钱包忘了带，他只得怀着愧疚的心情，拉着乞丐的手握了握说："真对不起。"那个乞丐却紧紧握着屠格涅夫的手说："兄弟，够了，有这个就够了。"对这个乞丐来说，屠格涅夫的爱心和真诚已远远胜过了金钱的施舍。屠格涅夫的好性格收获了乞丐对他的信任、感恩，他的善良让这个世界充满了爱的光辉。

一般而言，性格是指人对现实的态度和行为方式中较为稳定的个性心理特征，是个性心理的核心部分，最能表现个体差异。在现实生活中，有些人的人缘特别好，具有亲和力，深受周围人喜爱；而有些人即使才华横溢，却让人敬而远之。这就是人际吸引的奥秘——好性格，好脾气。个人的好性格是培养个人魅力的沃土，性格好不仅反映了个人良好的精神状态，同时有利于改善周围环境的气氛，它可以把愉快的信息传递出去，让周围的朋友感到舒适。具体活动参考目标如下：

1. 了解与理解

（1）了解一个人性格的好坏会直接影响其人缘的好坏，性情温和有助于获得好人缘。

（2）理解哪些性格特征是优良的，哪些性格特征是低劣的。

2. 学会与尝试

（1）明确自身存在哪些不良性格特征，学会剖析自己的不良个性特征的根源。

（2）明晰自身存在的优秀性格特征，尝试强化自己良好个性特征的养成。

3. 体验与感悟

（1）体验好的性格给自己生活带来的改变，并学会培养优良性格。

（2）感悟好性格是一种风姿，是需要学习、培养和训练的，同时需要他人的监督和制约。

二、活动流程

进程	活动目标	活动内容	时间	活动素材
导入	懂得朋友与我们如影随形、密不可分，他们的存在让我们拥有了一种看不见的财富——那就是人际财富	无法分离的无名指	5分钟	
热身	和谐相处才能促进目标完成	坐地起身	15分钟	
展开	1. 协助成员认识在人际交往中受欢迎的性格特征 2. 协助成员检视自身的性格特征，发展受人欢迎的特征，克服不良特征	神奇魅力在哪里	40分钟	魅力记录表若干
	检视自己的人际关系，了解自己朋友的优秀性格特征	人际财富	50分钟	纸每人1张、笔每人1支
结束	优化自己的受欢迎性格特征	1. 活动总结 2. 作业	10分钟	

三、活动内容

导入

延安时期，以毛泽东为代表的党中央高级领导干部都有一个好性格。尽管生活很苦，但延安的气氛是和谐欢快的。老农民有事可以直接走进毛泽东、周恩来的窑洞诉说。同志之间也是欢声笑语不断。

良好的性格特征是提高沟通艺术，取得较好沟通效果的前提。就性格的类型来说，有的人豪爽，有的人细腻；有的人热情，有的人冷漠；有的人幽默，有的人拘谨等，难分优劣。但现实中，有的人由于有性格缺陷，如表现出过分内向、固执、不真诚等不良个性特征，往往不容易结交很多朋友和建立良好的人际关系。改善这种状况的最佳方法就是逐渐改善自己的不良个性特征，并尽量多参与朋友的活动，在活动中，就会惊讶地发现自己越来越受欢迎。

无法分离的无名指

1. 活动介绍

（1）首先大家伸出两手，将中指向下弯曲，将中指的第二指节对靠在一起。

（2）然后将其他四对手指分别指尖对碰。

（3）请确保在游戏过程中，中指始终紧靠在一起，其余手指只允许一对手指分开。

（4）请你们张开那对大拇指，合拢大拇指。张开食指，合拢食指。张开小指，合拢小指。

（5）最后张开无名指，情况如何？

2. 讨论分享

在你的生活中，有没有这样的人像今天的无名指一样和你紧紧贴合在一起，与你共享快乐，分担痛苦？

3. 领导点评

朋友与我们如影相随，密不可分，他们的存在让我们拥有了一种看不见的财富——人际财富。

热身

坐地起身

1. 活动介绍

（1）将成员随机分成两组，确保两组的人数以及男女性别的比例差不多。

（2）每组先派出两名成员，背靠背、臀部贴地、双臂相互交叉地坐在地上。当领导者发出"开始"的指令时，两人合力使双方一同站起。要求在站起的过程中，手不能松开，也不能触碰地面。如果成功站起，则该小组继续增加一人，三人一起手挽手坐地起身。如果失败则重新再来一次，直到成功方可再增加一人。如此类推，小组成员全部成功地一起坐地起身者为胜方。

（3）在游戏过程中，领导者负责发出"开始"的指令，并监督各小组不要犯规。

2. 讨论分享

（1）在游戏过程中，我们如何操作才能又快又好地完成任务？

（2）活动过程中你有什么感受？

3. 注意事项

（1）该游戏考察了参与者的协调能力和合作精神，需要彼此的容忍与配合才能让成员同时起立。

（2）领导者要在旁给予参与者鼓励，以鼓舞大家的士气。

（3）同组的成员之间的沟通是最重要的，如果他们互相鼓励以及随时让队友知道自己的状况将有利于任务的完成。因此，可以让服刑人员体会同伴的重要性，也能增进他们的互相了解。

展开

神奇魅力在哪里

1. 活动介绍

（1）领导者描述情景：你参加了一个夏令营，在这个夏令营里你结识了很多性格迥异的人，如：真诚的、善解的、助人的、体贴的、热情的、善良的、开朗的、幽默的、聪明的、自信的、宽容的、古怪的、敌意的、饶舌的、自私的、自负的、虚伪的、恶毒的、多疑的、暴躁的、孤僻的、冷漠的、固执的、狭隘的等。

（2）组织成员进行讨论：你最不愿意和哪三种人做朋友？最愿意和哪三种人做朋友？并简要地说明理由。请每位成员在心底对自己作一个评判（不需要说出来），你认为自己最类似于以上哪两种人？优缺点各选一个。然后仔细倾听其他成员对此的评价，从而了解自己的性格在人际交往中的受欢迎程度。

（3）领导者根据成员的发言，记录下每种性格的魅力指数。选出最愿意和哪三种人做朋友，那么根据喜欢程度的高低，这三种性格分别记＋3分、＋2分、＋1分；反之，选出最不愿意和哪三种人做朋友，那么根据讨厌程度的高低，这三种性格分别记－3分、－2分、－1分。所有成员发言完后，计算每种性格的总分，得出该性格的人际魅力指数。

魅力记录表

形容词	1	2	3	4	5	6	7	8	9	10	总分
真诚的											
善解的											
助人的											
体贴的											
热情的											
善良的											
开朗的											
幽默的											
聪明的											
自信的											
宽容的											
古怪的											
敌意的											
饶舌的											
自私的											
自负的											
虚伪的											
恶毒的											
多疑的											
暴躁的											
孤僻的											
冷漠的											
固执的											
狭隘的											

2. 讨论分享

（1）如何培养最受欢迎的三种性格？

（2）如何克服最不受欢迎的三种性格？

3. 领导点评

每个人都喜欢好性格的朋友。有好性格才有亲和力，亲和力是人与人互动时产生互相作用的和谐动力。一个人的好性格可以感染周围人；有好性格才有凝聚力，凝聚力是把大家的力量凝聚在一起的力量，让我们的团队看到希望；有好性格才有影响力，好性格的人能容人之失，容人之过，容人之美，用自己的好性格正人之过，导人以行，成为人们心中永远的明星。

人际财富

1. 活动介绍

（1）给每个成员分发一张白纸、一支笔。然后请成员跟着领导者的指导语和示范，绘制自己的人际财富同心圆图（如图3）。

（2）首先在白纸的中央画一个实心圆点代表自己。

（3）然后以这个实心圆点为中心，画三个半径不等的同心圆，代表三种人际财富或者人际圈。同心圆内任意一点到中心的距离表示心理距离。将亲朋好友的名字写在图上，名字越靠近中心圆点，表明他与你的关系越亲密。

（4）写在最小同心圆内的是你的"一级人际财富"。你们彼此相爱，你愿意让对方走进自己心灵的最深处，分享你内心的秘密、痛苦和快乐。这样的人际财富不多，却是你最大的心灵慰藉，也是你生命中最重要的成长力量。

（5）写在第二大同心圆内的是你的"二级人际财富"。你们彼此关心，时常聚在一起聊天戏耍，一起分享快乐，一起努力奋斗。虽然你们之间有些秘密是无法分享的，但这类朋友让你时常感到人生的温馨。

（6）写在最大一个同心圆内的是你的"三级人际财富"。这些朋友，可以是平时见面打个招呼，但是需要帮助时也愿意尽力帮忙的朋友；可以是曾经比较亲密但渐渐疏远，却仍然在你心中占有一席之地的朋友；也可以是平时难得见面，却不会忘记在逢年过节问候一声的朋友。

（7）同心圆外的空白处代表你的"潜在人际财富"。尽量搜索你的记忆系统，把那些虽然比较疏远但仍属于你的人际财富的人的名字写下来。

三级人际财富

二级人际财富

一级人际财富

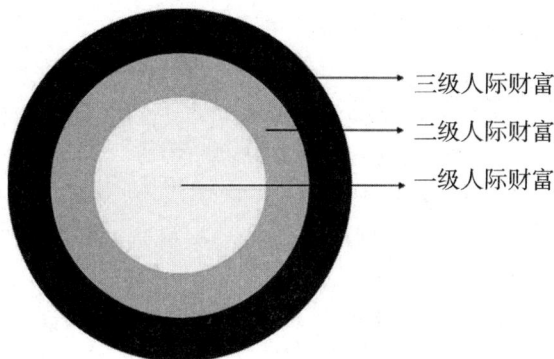

图3 人际财富同心圆图

2. 讨论分享

（1）你的人际财富如何分布？

（2）三个年轮中的总人数是多少？知心好友的比例是多少？哪些朋友是值得珍惜的？

3. 领导点评

无论哪种朋友，在相处时，请你珍惜！因为我们的人际圈是不断流动的，有人退出有人进入。一般而言，一个成年人需要与大约120人维持不同程度的人际关系，其中包括2~50人心理关系比较密切。人际关系过疏或过密，都容易引发个体的心理问题，或孤独无助，或自我迷失。你的人际关系现状如何？是否合适？你认为是自己身上什么性格品质给你带来了好人缘？或者如果你的人缘不太好是什么原因导致的？试着一边整理自己的人际财富同心圆图，反思自己在人际交往中所体现出来的性格特点（比如是否因一时愤怒的情绪而失去了曾经的知己；是否因太以自我为中心、忽略他人的感受而被周围的朋友渐渐疏远），找出自己需要继续发扬和改进的地方。

结束

作业：

（1）在日常生活中虚心听取他人对自己的评价和反馈，了解自己在人际交往中的受欢迎程度，分析其中的原因，然后积极发展受欢迎的性格特点。

（2）分发"个人成长日志"，要求每位成员在每次参加团体活动后及时写下自己的感受与心得。

四、活动总结

改变性格，是比较困难的，但如果能够弥补自己的性格缺陷，那么我们的好性格就会慢慢形成。修炼一个好性格，首先，要了解自己是什么性格，认识自我；其次，知道自己的性格缺陷在哪，制约自我；第三，勇于面对自我缺陷，并努力战胜自我。古人云："胜人者，力也；自胜者，强也"，能够战胜别人，表明你有力量，能够战胜自己，才是真正的强大。修身养性，才能让自己的"好性格"成为人际交往的"软实力"。

第七节　化干戈为玉帛

一、活动概要

人际冲突是人际交往中普遍存在的一种社会互动行为，在人类全部的社会活动中随处可见。人与人之间利益的不同、沟通的障碍、认识的差别、个性的差异，都有可能造成冲突的发生。由于每个人对人际关系的认识和态度不同，个人性格、社交技能和行为方式各异，人际冲突的处理策略和行为表现也会有所不同。冲突处理方式也会直接影响人际关系以及个体身心健康。当我们能够成功地制止或化解冲突后，我们的推理能力和解决问题的能力都会得到锻炼和提高。同时，冲突的成功解决也能激发自己的自信心和成就感，促进个体对集体的责任意识和参与意识。

本节活动旨在让成员们理解朋友之间发生矛盾很正常，关键是要有一颗宽容之心，并能初步掌握消除人际误解的方法，尝试将其运用到实际生活中，用包容大度的态度去面对生活中矛盾冲突。具体活动参考目标如下：

1. 了解与理解

（1）了解同伴冲突问题的存在，确认有解决的必要。

（2）理解个人综合素质的提高有助于建立和谐的人际关系。

2．学会与尝试

（1）学会朋辈互助，对朋友间冲突进行公正、有效的劝导和调解，和平解决问题。

（2）掌握建设性解决人际冲突的基本技巧和能力，如无条件积极关注、倾听、引导等。

3．体验与感悟

（1）体验以合作代替竞争、换位思考、宽以待人、真诚地表达自己的意见和需求等方式对人际关系的促进作用。

（2）感受不同解决问题的方式所带来的不同感悟和不同处理效果。

二、活动流程

进程	活动目标	活动内容	时间	活动素材
导入	感受自然现象的变化，从而理解人际变化所带来的体验	雨点协奏	5 分钟	
热身	体验信息有效传递的重要性	电波传递	10 分钟	秒表 1 块
展开	让成员体会团结协作解决困难，感受个人在集体中的作用，以及团队对于个人的意义和重要性	解开千千结	30 分钟	秒表 1 块
	练习解决人际冲突的方法	人际矛盾 AB 剧	50 分钟	
结束	1．整理团体经验所得 2．整理处理人际冲突的技巧	1．作业 2．活动总结	10 分钟	

三、活动内容

导入

狮子和老虎之间爆发了一场激烈的冲突，到最后两败俱伤。狮子快要断气时，对老虎说："如果不是你非要抢我的地盘，我们也不会弄成现在这样。"老虎吃惊地说："我从未想过要抢你的地盘，我一直以为是你要侵略我。"

人际冲突是一种常见的社会现象，是影响人际关系和个体身心健康的重要因素。近年来，关于人际冲突恶性事件屡屡被新闻媒体报道，从"马加爵"

到"药家鑫",再到"复旦投毒案",人际冲突导致的恶性事件一再发生。在人际交往过程中,我们要学会劝导同伴和调解矛盾冲突,以一种积极和公平的方式进行交流和协调,营造一种安全而温馨的解决问题的氛围。

雨点协奏

1. 活动介绍

(1) 引导参与者练习发出以下几种声音。

①手掌相互摩擦。

②手指相互敲击。

③两手轮拍大腿。

④用力鼓掌。

⑤跺脚。

(2) 引导参与者闭上眼睛想象一幅《雨点变奏图》。

①微风——手掌相互摩擦。

②小雨——手指相互敲击。

③中雨——两手轮拍大腿。

④大雨——用力鼓掌。

⑤暴雨——跺脚。

⑥微风习习——手掌相互摩擦。

⑦雨过天晴——睁开眼睛。

2. 讨论分享

我们知道自然界有风风雨雨,这些风雨自然转化。在我们生活中,人与人之间也有矛盾冲突,这些冲突有的会自动消化解决,而有些却无法自动解决,这时候该如何处理呢?

3. 领导点评

心灵的此岸、彼岸,或许会因为风风雨雨激起滚滚波涛,让人无法靠近。此时,请努力牵手此岸,沟通彼岸,相信一个和谐、互助的人际环境将很快建立。

热身

电波传递

1. 活动介绍

（1）让所有成员手拉手站成一圈。任选某一成员（如 A）作为"电波"传递的起点。当领导者说"收到"时，A 按顺时针（或逆时针）方向向相邻的同伴传递"电波"（即一个信号，如轻捏一下相邻同伴的手）。当每位成员收到"电波"后要用最快的速度传递给下一位成员。如此类推，直到"电波"回到起点，即 A 处。当 A 收到电波时，大喊"收到"。

（2）领导者在一旁负责发出"开始"的指令，并用秒表记录下每次"电波"传递一圈所需要的时间，即从领导者喊"开始"到 A 喊"收到"之间所用的时间。公布每次的结果，然后鼓励大家再来一次，希望下一次能传递得更快一些。

（3）当所有成员都熟悉操作之后，领导者要求变更"电波"传递的方向，如由原来的沿顺时针方向传递变为沿逆时针方向传递。当"电波"沿着新方向被传递几次之后，再一次加大传递的难度，如要求队员们闭上眼睛或是背向圆心站立。

（4）在游戏快要结束的时候，为了使游戏更加有趣，领导者悄悄告诉 A 同时向两个方向传递"电波"，而且不要声张，看看这样会带来什么有趣的效果。

2. 讨论分享

成员分享自己在游戏过程中的具体表现和感受。

3. 领导点评

遇到问题，我们都不要消极等待，而是要勇敢面对，积极寻求解决问题的方法。"方法总比问题多"，尝试去沟通，去表达，去解决，才能体会到沟通畅达的美好感受。

展开

解开千千结

1. 活动介绍

（1）所有成员站成一个面向圆心的圈，然后举起右手，抓住对面另一成员的手，再举起左手，抓住另一个人的手。但是不能抓自己身边成员的手，也不能两只手抓同一个成员的两只手。这样就形成了一个复杂的"结"。

（2）然后要求成员在不松手的情况下，想办法把这个"结"解开。在游戏的过程中，如果尝试了半个小时"结"都没有被解开，领导者可以允许某两只相邻的手断开一次，但必须马上封闭。

2. 讨论分享

（1）一开始面对这个复杂的"结"的时候，感觉是怎样的？在解开了一点以后，你的想法是否发生了变化？

（2）在现实生活中，你是否也与周围的朋友结下了这样的"结"？有些"结"可能是看得见的，也可能是看不见的，比如你总是看某个服刑人员不顺眼。在日常生活中，你是以何种心态来面对人际交往中的这些"结"的？

（3）通过解开这个"结"，你觉得成员间的关系发生了什么微妙的变化？朋友之间发生矛盾冲突是否只有消极的影响？

（4）当努力了很久"结"都没有被解开时，你的感觉是怎样的？想到放弃了吗？在现实生活中，当你与某个服刑人员产生了激烈的冲突，或者冷战了很久都没有和好的迹象时，容易产生什么念头？

（5）游戏中运用了哪些方法来解开这个"结"？联系现实生活，这对你解决人际矛盾有何启示？

3. 领导点评

此活动旨在让成员体会团结协作解决困难，感受个人在集体中的作用，以及团队对于个人的意义和重要性。

游戏中，我们应该学会如何建设性管理人际冲突，如改变对人际冲突的消极看法；以合作代替竞争，实现双赢；学会换位思考，宽以待人；积极地进行沟通；真诚地表达自己的意见和需求等。

人际矛盾 AB 剧

1. 活动介绍

（1）根据成员在分享"解开千千结"活动体验时谈到的人际矛盾问题，选取其中最具普遍性的情境，请两三位成员来表演。比如好朋友向你借钱，你不想借，但又碍于情面；朋友未经你的同意就翻看了你的日记等。

（2）其他成员则分小组讨论解决这个人际矛盾的方法，并用小品的形式把它表演出来。

2. 讨论分享

所有成员自由发言，一起来讨论以上各种解决方案的可取之处和不合理之处。

3. 领导点评

生活中总有误会，误会发生并不可怕，不论哪一方占了优势，都不能抓住对方的错误不放手，而应该用一颗包容的心，大度地去面对。

结束

作业：

（1）请各组员用友好的各种动作、语言（如微笑、故障、击掌等）来表达我们和平相处的心愿。

（2）分发"个人成长日志"，要求每位成员在每次参加团体活动后及时写下自己的感受与心得。

四、活动总结

相逢是首歌，同行你和我。经过团体辅导的初始阶段、过渡阶段、转换阶段后，我们的团队进入了"解决人际冲突"主题工作阶段，此时团体已经出现了有效的沟通模式：团体发展稳定，团体内气氛自由且安全，成员之间彼此信任、相互尊重、相互支持、坦诚相待，成员能够认同团体和领导者，主动积极投入团体，可以自由自我表露，包括负面感受以及对他人的不同意见。在这种情况下，我们设计了"化干戈为玉帛"专题团体辅导，意在成员能够彼此接纳各自的问题，相互帮助解决问题，也将各自从团体中获得的感悟转化为行为和人格的改变。

领导者总结建设性管理人际冲突的基本方法：

（1）发生争端时，可以请中间人来帮助，听取双方的意见，促进双方以合作宽容的态度进行沟通，寻找解决方法。

（2）找双方信任的调解员，必要时请他们给予帮助。

（3）求同存异。允许不同意见存在，设定基本原则，例如，"虽然我们意见不同，但我们还是相互尊重"，"宽以待人"等。

（4）总结经验。发生冲突后，要学会进行反思和总结，包括事情的起因、经过、结果。

第八节　相亲相爱一家人

一、活动概要

当一个团体的内部成员对我们的团体产生了一种无法抗拒的吸引力和满意程度时，那么我们的团队就获得了一种巩固而稳定的力量、凝聚的力量、团结合作的力量。在团体活动中，成员经常互动，彼此诉说自己的喜怒哀乐，从而增进了成员之间的感情和思想交流。这时，如果彼此发生认同，互相满足心理需求，就会产生亲密感和相互依赖感，增强人际吸引，以及团体对个人的吸引。在这样的团体中，成员心情愉悦、精神振奋，凝聚力就高。相反，如果团体成员之间经过交流，在思想、情感上不能产生共鸣或有严重的分歧、冲突，互相不能满足心理上的需要，成员感到心情压抑、相互排斥，那么团体成员之间的人际关系必然走向破裂。

本节活动旨在回顾团体经验，强化团体凝聚力，让成员们学会合作，学会彼此给予和接受回馈，更清楚地认识自己及未来发展的可能性，让成员们相互祝愿和激励。具体活动参考目标如下：

1. 了解与理解

（1）了解自己在参加团体以来不同阶段的感受、困扰、体验、变化和收获。

（2）理解自己和团队都是在不断变化的，我们在这个变化的过程中有所成长。

2. 学会与尝试

（1）团体活动给我们每个人提供了助人和被助的机会，成员们往往能产生感情共鸣，彼此认识相通，我们在这个集体中学会彼此给予。

（2）在团体中，团结合作、群策群力可以给人更多的信心和鼓励，成员能够充分给予回馈和接受别人的回馈，坚定自己的努力会有成效。

3. 体验与感悟

（1）用心去思考自己的成长，有助于更清楚地认识自己，挖掘自身的潜

能，提高对他人的信任感，增强对团体的凝聚力。

（2）感悟自己内心依依不舍的情怀、对失落孤独的担忧，或者喜悦、自信、满足等正向反应，愿意将活动中的学习心得转变为自觉的行动，改善自己的人际关系。

二、活动流程

进程	活动目标	活动内容	时间	活动素材
导入	活跃气氛，增加凝聚力	我猜你猜	10 分钟	
热身	1. 练习语言表达 2. 回顾团体经验，分享愉快的经验 3. 拉近彼此间的距离	往事回首	20 分钟	轻松的背景音乐
展开	1. 培养团队成员之间的相互信任，相互鼓励与支持，努力尝试靠团体力量克服困难 2. 培养成员协作解决问题的能力，集思广益，培养创新思维，强化对团队精神的理解	同舟共济	50 分钟	报纸若干
	1. 让成员彼此给予和接受回馈 2. 相互祝愿和激励	祝福留言	40 分钟	心形卡片每人 1 张；笔每人 1 支
	让成员自我评估和团体评估	团团圆圆	10 分钟	歌曲《相亲相爱一家人》
结束		1. 作业 2. 活动总结	10 分钟	

三、活动内容

导入

示范指导语：这一生你会得到很多爱，让你变得强大而温柔。我们参与团体就是一个不断学习和变化的过程。在这个过程中团体的凝聚力缓慢形成，我们哭过，笑过，甚至想过放弃，但是我们因共同的目标而走到一起，与陌生人建立一种亲密关系，在这种关系中我们能够自由表达，双方都体验到安全、稳定和温暖，对任何一个人来说，都是一种奇迹。如周华健《朋友》歌词中唱的那样：

这些年一个人
风也过雨也走
有过泪有过错
还记得坚持什么
真爱过才会懂
会寂寞会回首
终有梦终有你在心中
朋友一生一起走
那些日子不再有
一句话一辈子
一生情一杯酒
朋友不曾孤单过
一声朋友你会懂
还有伤还有痛
还要走还有我

我猜你猜

1. 活动介绍

具体操作：领导者在心中默想一人，但不说出他的名字，此人必须是团体成员中的一人，然后请其他成员来猜他的名字。在猜的过程中，可以向领导者

提问，但领导者只能回答"是"或"不是"，最先猜出的人为胜者。然后由胜者在心中默想团体成员中的一人，其他成员来猜，如此类推。

2. 讨论分享

（1）假如你猜对了，你是怎么猜中的？假如你猜错了，又是因为什么？

（2）如何才能快速找到目标人物？

（3）在游戏过程中你有何感想？

3. 注意事项

（1）在游戏过程中，领导者可以事先规定问题的次数，以加大猜测难度。

（2）为了验证所猜是否所想，建议用纸条先写下心中那个人的名字，猜名结束后公示名字，防止有人随意改变名字。

热身

往事回首

1. 活动介绍

（1）调节好室内的光线、通风和音响音量；让成员除去身上有压迫感的物品，如眼镜、身上过紧的衣服、皮带、鞋带等，然后调整坐姿直到最舒服的状态为止。

（2）领导者指导成员进行缓慢而有节奏的深呼吸，并要求他们保持这种呼吸的节奏，然后在轻柔的背景音乐中，用指导语引导成员进入想象。

示范指导语：

我们的身体需要的是心灵的合作与协助，让它们自然地运作和医治，现在我要你让自己处于一个舒服的姿势，最好是能全身舒适，并让头枕在舒适的软垫或衣服上让自己感到舒服。

现在你已经准备好去探访你心灵的花园了，检查一下你的头和脊椎是否成舒服状态，让你的双脚微微打开与双肩同宽，双手臂可轻轻地在身旁放松，将两手的掌心微微朝上，不用太刻意。

现在请闭上你的眼睛，请听着我的声音，而当你听到我的声音，你将察觉到一种美妙的经验会发生在你的身上，你会发现全身的肌肉延伸到脊椎以下的部分，都将会完全地放松。去意识到你的呼吸，不要刻意用力地呼吸，只要去感觉到你的呼吸变得缓慢和深沉。在你吸气的时候，这股气息会到达腹部的下方，并且意识到在你每次吸气时，你的小腹会微微鼓起；在呼气的时候，将所有的气完全地呼出，让自己所有烦恼和压力也一起呼出。同时你会感到全身非常沉重，渐渐地，仿佛下沉到地板里了。你感到自己深深地陷入地面，越来越深、越来越沉，深入到泥土里了，你感到很平静，你的全身正在放松。

而在你每次缓缓呼吸之后，你将更加放松。让你的双眼闭上吧，你的眼皮开始感到非常的沉重和放松，眼皮感到一种舒服的沉重，是那样的放松。你不想再把眼睛睁开了。

你现在感受到安全、祥和以及宁静，慢慢地吸气和吐气。吸气的时候想象所有的快乐、自信、魅力、亲和力、健康和活力等积极正面的力量都进入你的体内了。吐气的时候，想象所有负面的情绪压力、烦恼、消极和挫折感等都越来越少。不断地吸气和吐气，你的全身感到非常沉重和放松，所有的紧张和压力都消失不见了，随着你身体脖子后肌肉的放松而消失了。延伸到你的脊椎下方及整个胸部的肌肉都放松了，紧张和压力都消失不见了。静下心来，听自己心跳的声音。

现在想象你正躺在树林里一片舒服的草地上，阳光透过树梢暖暖地照在你的身上，风柔柔地吹拂着你的脸庞，树林里很安静，草丛里有一种不知名的虫子在轻声地鸣叫。树林的前方隐隐约约有一条路，弯弯曲曲的不知通向何方，你想探个究竟，于是站起身来，开始沿着这条路往前走。路开始还比较宽阔，但越往前走变得越来越狭窄，像是进入了一个没有尽头的隧道，隧道的前方隐隐约约看到一些亮光。隧道旁边立有一些路牌，路牌上的字迹已经有些模糊，不过你仔细辨认，还是能看清上面写着"时光隧道"四个字……

然后开始用指导语引导成员回顾团体的整个过程。

（3）采用轮圈发言的形式，请每位成员将下列句子补充完整。

①我印象最深刻的团体活动是……因为……

②我觉得在这个团体中最大的收获是……

③我感觉自己参加团体后发生了……的变化。

④我觉得团体可以改进的地方是……

2. 讨论分享

（1）如何将团体中所学到的知识继续运用于日常生活中？

（2）如何使自己在人际交往中成为一个真正的"万人迷"？

3. 预期效果

放松训练法有助于消除紧张、焦虑，使肌肉放松，最终使整个机体活动水平降低，达到心理上的松弛。通过这种方法让成员呼吸、肢体、意念均达到轻松、平静、自然的放松状态，以便成员更好地回想过去，深入回味过去的种种经历，从而加深自己的印象和体验，就能够更好地巩固本章团体活动的辅导效果。

展开

同舟共济

1. 活动介绍

在一次海洋旅行中，我们乘坐的"泰坦尼克号"不幸撞上冰山，即将沉没。现在船上只有一艘救生船，请大家想方设法使全体成员同时登上船，成员们同生死共命运。行动之前团体可以充分讨论，拿出最佳方案。

具体操作：

(1) 根据现场把全体成员平均分成三个竞争的小组。

(2) 给每组十分钟的练习时间，等练习结束后，进行全组演示。

(3) 将一张报纸放在空地中央，看哪个组站在报纸上的人最多、时间最长。

(4) 当完成任务后，可以要求将报纸面积减半，继续活动。

2. 讨论分享

(1) 描述一下你们小组是用什么方法做到的?

(2) 在此活动中哪些是让你印象深刻的? 之前有无类似这样的感受?

3. 预期效果

在活动中，随着难度增加，成员们会更加努力，团队的凝聚力也会逐渐提高。活动过程中成员会忽略性别、年龄等因素，全组一条心，创造性地发挥全组智慧，活动结果常常出乎成员们的想象，产生事先想象不到的效果，让成员切实体会到团结合作的力量。

祝福留言

1. 活动介绍

给每位成员发一张心形的祝福卡，每人在卡的上端写下"对××的祝福"。然后依次向右传，每位成员都写下自己对其他成员的祝福、鼓励或建议。写完后，每位成员仔细阅读他人写给自己的祝福，并对他人表示深深的感谢。

2. 讨论分享

成员自由分享自己收到的祝福和活动心得体会。

3. 预期效果

在此阶段，成员们相互祝福，相互赞美，团体的凝聚力不断增强。经历了冲突、挣扎之后，成员感受到团体对自己的接纳。不仅自己对团体产生信任，还看到他人的真心流露、坦诚相待、互相分享，对团体有更强的信心，心中会充满美好。

团团圆圆

1. 活动介绍

所有成员站成一个大圈，面朝圆心，将两手分别搭在左右成员的肩膀上，然后随着《相亲相爱一家人》的背景音乐有节奏地左右摇摆，并一起轻声哼唱，使全体成员在温馨甜蜜的气氛中告别团体。

2. 讨论分享

成员相互之间互诉衷肠，表达自己的情绪情感。

3. 领导点评

随着时间的流逝，我们在不知不觉中逐渐熟悉彼此，我们开始感受到安全、信任和温暖，我们越来越能够在团体中自如地表达情感和感受，真实地面对自己。真实的人际互动、自己与环境的真实共存，是真实的人生。在关怀、接纳和温暖的团体氛围里，我们重新认识自己和他人，并实践新的行为，使得行为的改变和问题的解决有了实质的意义。

结束

作业：

（1）成员们与自己的小伙伴互赠祝福。

（2）分发"个人成长日志"，要求每位成员在每次参加团体活动后及时写下自己的感受与心得。

四、活动总结

天下没有不散的宴席。在团体结束阶段，成员需要将团体的经验整理巩固，肯定自己的积极改变，并有信心在生活中继续努力。因此，本期活动设计了"同舟共济"，让团体凝聚力更强，强化成员间的团结合作。随后"祝福留言"引发成员回顾团体中所学，互相给予或接受更多的反馈，充满信心地展

望未来的生活。最后，"团团圆圆"让成员们在轻松愉悦的氛围中互相道别，互祝珍重。

运用团体心理辅导方式，改善服刑人员人际交往能力，培养人际信任，加强人际沟通技巧，学会合理解决人际冲突。在体验团结合作的过程中，学会团队合作，从而提高心理健康水平和心理适应能力，提高工作效率，改善生活质量，积极预防心理危机的发生。

第三章　情绪与压力管理

　　一位妈妈抱怨道："我的孩子不听话，我很生气，经常不开心。"她把快乐的钥匙交到孩子的手里。一位员工经常抱怨："我们老板不赏识我，让人不能很好地发挥。"他把快乐的钥匙交到上司的手里。一个成熟的人能握住自己快乐的钥匙，他不期待别人使他快乐，反而能将快乐与幸福带给别人。

第一节　理论背景

一、情绪与压力

情绪伴随着人的生长过程，每个人都会经历丰富的情绪体验，或高兴，或烦恼，或愤怒，或悲伤，或紧张。随着一个人的成长，逐渐能比较明确分辨自己的喜怒哀乐，知道导致情绪产生的主导因素是什么。但也会有很多人感知情绪的能力较弱，情绪的调控能力也非常弱，在碰到不良情绪时，往往不明确应该用怎样合理的方法来控制和调节不良情绪，不了解情绪可以随着人的认知评价的改变而改变。根据美国心理学家埃利斯的情绪 ABC 理论，个体的情绪障碍不是由某一外在诱发事件引起的，而是由经历了该事件的个体对该事件的解释和评价引起的，因此，由于个体的认知评价的不同，会造成不同情绪和行为反应的结果。

服刑人员产生不良情绪的因素是多方面的，主要有环境适应、突发事件、学习劳动、人际交往等因素，亲人的长期不来探望也可能让服刑人员产生低落的情绪。消极情绪不仅影响服刑人员参与改造的主动性、积极性，严重时会导致自伤、自残、暴力伤人等严重违反监规事件的发生。一个人的情绪很难通过逃避和压制的方式解决，需要通过恰当的办法疏导和转化，以此促进个人情绪的改善。团体心理辅导是一种帮助服刑人员宣泄不良情绪，将消极情绪积极转化的一种方式。因此，做团体辅导时，可以针对服刑人员的不良情绪情况，帮助服刑人员掌握相应的情绪调节技巧。

服刑人员在服刑期经历情绪上的困扰是很正常的现象，这种情绪困扰形成的原因之一是服刑人员所面临的压力。由于长时间脱离社会，在服刑期活动空间狭小，服刑人员承受巨大心理压力的同时，也缺乏自我调节能力，所以易导致一系列的心理问题，影响服刑人员改造质量。压力指的是个体没有足够能力应对某一重要情景时所引发的心理和生理唤醒。这种唤醒会导致心跳加速、血压上升、肌肉紧张等，服刑人员在这种唤醒下会容易冲动、烦恼、抑郁等。因此，正确识别和对待压力是改善服刑人员服刑质量的重要方法。在团体辅导时，可以多进行宣泄和放松训练，使服刑人员掌握进行自我心理调适的方法。

二、管理好情绪与压力的钥匙

每人心中都有把"快乐的钥匙"，但我们却常在不知不觉中把它交给别人掌管。一位销售员抱怨道："我活得很不快乐，因为我经常碰到糟糕的客户。"他把快乐的钥匙放在客户手里。一位经理人说："我的竞争对手太强大了，我真命苦！"他把快乐的钥匙放在对手的手里。这些人都做了相同的决定，就是让别人来控制他的心情。一个成熟的人能握住自己快乐的钥匙，他不期待别人使他快乐，反而能将快乐与幸福带给别人。他的情绪稳定，为自己负责，和他在一起是种享受，而不是压力。你的钥匙在哪里？在别人手中吗？快去把它拿回来吧！

情绪人人都有，但未必人人了解。在生活中，人们为了自身的生存和发展，需要不断地认识和改造世界。在这变革的过程中，必然要遭遇得失、进退、成败、顺逆、荣辱、美丑等各种情况；因而有时感到高兴和喜悦，有时感到气愤和憎恨，有时感到悲伤和忧虑，有时感到爱慕和钦佩等。事实是，不同人对于同样事情会有不同的表现。服刑人员作为长期脱离普通社会的特殊人员，服刑期面临的社会关系不同于其他时候，怎么才能让服刑人员有积极的情绪去面对生活中的困难呢？针对服刑人员的情绪与压力，团体辅导设计的目的是让服刑人员在各种形式的活动、情境中了解情绪的多样性，明确情绪有积极情绪和不良情绪，并结合其经历过的生活实际经验，运用合理、有效的方法控制和调节情绪。更重要的是，尽量学会用积极心理学解决问题，以面对将来可能要面对的困难。

调节情绪和压力自古以来就是人们需要面对的问题，我们每一天都会面临不同的情绪和压力。人们应正确觉察和表达自己的所知所感，并接纳自己的情绪和压力，有效调节情绪与压力。在生活中可以使用的方法有：

（1）转移法。让服刑人员学会从内心感受到放松的感觉。

（2）运动法。经常运动的人积极情绪也会增多，偶尔进行运动，可以消除一定程度上的疲劳。

（3）宣泄法。人们最常使用的方法，比如痛哭一场，将内心的不快宣泄出来，掌握健康的宣泄方法才能有效宣泄。

（4）其他。如兴趣、爱好、减压等都是通过转移和宣泄相结合的方法来排解自己内心的情绪和压力。

每一个人都会有适合自己的情绪调节方式，也会有适合自己的度，把握调节的方式和度，才能更快走出情绪与压力的误区。

第二节　团辅方案

一、性质和目标

1. 团体性质

封闭性、结构性、发展性。

2. 总体目标

改善服刑人员的自我认识和心理健康水平，帮助服刑人员提高对自己和他人情绪的认知能力。

3. 具体目标

（1）协助服刑人员学习应对消极情绪，学会情绪管理方法，促进自我成长。

（2）辅导服刑人员降低情绪敏感性并增强自我调节能力，增强服刑人员的情绪管理能力，建立积极乐观的人生观。

（3）协助服刑人员了解压力的产生及作用，并寻找压力源，分析自己的压力情况。

（4）辅导服刑人员体验压力与挫折，学会正确面对，掌握缓解压力的方法，同时提高承受压力的能力。

二、成员和时间

1. 团辅对象

针对的团辅对象为服刑期人员中出现心理不适，感到有压力，有情绪困扰及有意提升自身情绪管理能力的服刑人员。团辅成员要适当考虑服刑人员的性别、犯罪类型等分布情况，彼此之间最好不那么熟悉。另外需要团体领导者和一名协助者。

2. 甄选成员

团辅选择非神经症或抑郁症等群体，先进行情绪测评问卷调查，一期团辅

成员人数为 8 ~ 12 人。

3. 团辅时间及次数

团辅共四个专题，每个专题一次，一次 90 分钟左右。

三、情绪与压力管理团辅流程表

专题	专题目标	专题活动	活动素材
认识情绪	1. 认识情绪对个体的意义 2. 分辨情绪，了解情绪的产生 3. 觉察自己的情绪	1. 建立团体规范 2. 叠罗汉 3. "情"你猜一猜 4. "情"你学一学 5. "情"你练一练	团体契约书、情绪卡片若干、情绪演练表、签字笔
调节情绪	1. 接纳自己的负面情绪 2. 学习正确地、有效地宣泄情绪 3. 学会表达情绪	1. 蜈蚣翻身 2. 情绪温度计 3. 情绪 ABC 4. 情绪转转乐	一块秒表；背景音乐；三个故事；两盒彩色笔，每盒十二支；每人两张不同颜色的纸张（大小为 A8 左右）；两个小纸盒
觉察压力	1. 了解压力的产生及作用 2. 寻找压力源，分析自己的压力	1. 桃花朵朵开 2. 动物星球 3. 我说你画 4. 幸福清单	不同颜色的彩色大卡纸、记号笔、彩色笔、硬纸板
应对压力	1. 体验压力与挫折，学会正确面对 2. 学会缓解压力，同时提高承受压力的能力	1. 兔子舞 2. 吹跑压力 3. 音乐冥想放松训练 4. 大团圆	快节奏音乐、音响设备、白纸、彩色笔、轻音乐

第三节　认识情绪

一、活动概要

情绪是指人们在心理活动中对客观事物的态度体验。心理学中，情绪由内在感受、生理过程和外在表现三个部分构成，三者同时存在、同时活动，构成一个完整的情绪体验过程。情绪是心理的重要组成部分，每个人都会在生活中表露出自己的情绪，例如喜悦、愤怒、悲哀、苦恼、恐惧、烦闷等。不同的情绪状态会有不同的外在表现。

对于服刑人员来说，外界环境对他们的影响是很大的。在服刑期间，他们和社会脱离，和亲人朋友分离，外界环境就是监狱，社会关系就是和狱友以及狱警的关系。在高监管和高服从的监狱里，服刑人员面临的情绪困扰常无处安放，累积到一定程度，可能会发生不服从监管的情况，会导致服刑质量的降低。通过团体辅导的方式让服刑人员体验到自己的情绪，认识到情绪的多样性，知道面对不同的情境和不同的事件会产生不同的情绪，且积极情绪和消极情绪对人自身的影响也是不同的，从而使服刑人员提高调节情绪的能力。

二、活动流程

进程	活动目标	活动内容	时间	活动素材
导入	介绍主题和内容，让团体成员对情绪有一定的了解	建立团体规范	5分钟	团体契约书
热身	让团体成员相互认识和了解	叠罗汉	10分钟	

（续上表）

进程	活动目标	活动内容	时间	活动素材
展开	了解情绪的种类	"情"你猜一猜	20分钟	情绪卡片若干
	分辨情绪，了解情绪的产生	"情"你学一学	20分钟	
	觉察自己的情绪的经验、行为和后果	"情"你练一练	20分钟	情绪演练表、签字笔
结束	强化情绪理解	1. 活动总结 2. 作业	5分钟	

三、活动内容

导入

曾经有一个男孩脾气很坏，于是他的父亲就给了他一袋钉子，并且告诉他，以后只要想发脾气的时候就在后院篱笆上钉一个钉子。随后这个男孩就照做了，第一天他在篱笆上钉了 40 根钉子。慢慢地，男孩能够控制自己的情绪了，每一天钉下的钉子也减少了。父亲告诉他，以后忍住了脾气的时候就把钉子拔下来。一天天过去，钉子越来越少了，最后钉子全拔下来了。父亲牵着孩子的手走到后院篱笆前，说道："孩子，你做得很好，但是你看你钉过钉子的地方，永远都有坑坑洼洼的洞，再也不会恢复以前的样子了，你生气也和这一样，有时会留下难以弥补的疤痕。"

应遵循团体契约，见附录一。

热身

叠罗汉

活动介绍

示范指导语：欢迎大家参加此次活动。我们现在来做个游戏，通过游戏让大家更好地了解彼此。接下来，我们给每位成员一分钟的时间，思考自己的性格特点，通过介绍自己的姓名和性格特点让大家进一步认识。然后领导者进行自我介绍，作为示范，请一两个成员协助进行练习。

接着按顺时针方向，从某个成员开始介绍自己，要求：

（1）先用一句话介绍自己，这句话中必须包含姓名、性格特点两个信息。比如："我是周慧，我比较活泼开朗。"后一个成员说的性格特点尽量和前面的成员不一样。

（2）从第二个成员开始，每个成员在用一句话介绍自己时都必须从上一个人开始讲起（如"我是坐在较活泼开朗的周慧旁边的王琳，我比较喜欢安静，不爱说话"），直到最后一个人，每人都必须从上一个人开始讲起。

（3）在介绍的过程中，每位成员都要集中注意力听。努力记住该成员的名字，而且每个人都有协助他人进行完整表达的义务。

展开

"情"你猜一猜

1. 活动介绍

领导者按照团队的人数准备情绪卡片，卡片上写着不同类别的情绪词（例如高兴、激动、得意、害怕、厌恶、惊讶等）。全体成员围成一个大圈，并保持适当的距离，以伸开手臂能头尾连接为宜，领导者站在中间。以一个成员为起点，让成员随机抽取一张情绪卡片，并且表现出来，可以结合小故事表达，也可以直接用表情表达，但不能用卡片上的情绪语言词来说明。由其他成员猜这种情绪是什么，扮演者不能说话，由领导者判断是否正确。

2. 讨论分享

（1）在表演中有什么感受，在过往经历中是否也曾有过此感受，表演有哪些困难？

（2）情绪是否有好坏之分，负性情绪在什么情况下对个体是有益的，在什么情况下是有害的，情绪管理的意义何在？

3. 注意事项

（1）成员注意将自己的真情实感流露出来，不隐藏自己的真实感受和想法。同时，对于其他成员来说，必须遵守保密原则。

（2）领导者应注意到成员的情绪情感变化，让大家都参与其中。

4. 预期效果

讨论分享是为了让成员深入了解情绪的种类和自己对情绪的感知，提高服刑人员的情绪感知能力。成员参与其中，需要明确分辨其他成员所表演的情绪卡片是什么，如果出现错误，有些诸如恐惧和惊吓等情绪表情比较相似，较难

分辨，结束后领导者应该给予成员相应的解释和说明。成员分享体会和感受的时候领导者也加以点评，会让讨论分析互动更加深刻，效果更好。

"情"你学一学

1. 活动介绍

领导者将所有团辅成员集合起来，进行分组。每组两个成员，当甲成员做出各种情绪的表情时，乙成员作为镜子模仿甲的各种表情。每种情绪表演的时间为20秒左右，然后双方互换角色。主要做出以下几个情绪：愤怒、悲伤、厌恶、恐惧、惊讶、愉快。

2. 讨论分享

（1）看到"镜子"的表情你有什么感受？

（2）情绪可以传染吗？

（3）你在努力做各种表情时，你的情绪有变化吗？

3. 注意事项

（1）请成员注意将自己的真情实感流露出来，不隐藏自己的真实感受和想法。同时，对于其他成员来说，必须遵守保密原则。

（2）在活动中有些成员可能不会积极配合参加，领导者可以先让积极的成员进行某一表情的示范，或者在活动过程中进行观察，让完成得最不认真的那一组进行表演。

4. 预期效果

服刑人员都能参与活动互动，说出自己对于活动的想法，情绪的传递在陌生人之间没有那么明显，领导者可以结合过往经历启发服刑人员思考，让其体会更深。

"情"你练一练

1. 活动介绍

（1）首先让成员观看一些关于不同情绪表情的图片，并识别其表情。然后进行情绪演练，让成员观察和体验情绪表达和情绪隐藏的情境、原因和结果。领导者向团体成员说明探析情绪背后的经验和行为的重要性，然后通过举例说明如何将自己的情绪具体化。随后请团体成员进行情绪具体化演练。

（2）示例：

含糊描述：有时候我觉得自己是个相当敏感和心怀怨恨的人。

具体陈述：我不能很好地接受别人的批评。当我获得任何消极的反馈时，我通常微笑一下，看上去一副满不在乎的样子，但在心里我感到很不舒服，我对自己说，那个提意见的人得为自己说的话付出代价。我发现即使想让自己承认这一点也是很难的，这听起来太小气了（可以继续举例说明）。

（3）领导者进行示范之后，让小组成员一起练习将自己的情绪具体化，先对自己的负性情绪进行含糊描述，然后用具体的描述来使自己的经验、行为和情感变得清晰，从而找出情绪背后的行为或经验原因。

2. 讨论分享

（1）你是否觉得自己在情绪具体化中体会到了情绪表达的重要性？

（2）情绪具体化有什么重要作用？

（3）我们应该怎样内省？

3. 注意事项

（1）在活动过程中，领导者随时都要关注团体成员的动态，对于认真参与的成员进行表扬，对于未认真参与的进行提醒。可以多举几个例子，以防有成员理解得不够清楚，影响活动的效果。

（2）请成员注意将自己的真情实感流露出来，不隐藏自己的真实感受和想法。同时，对于其他成员来说，必须遵守保密原则。

4. 预期效果

为了让服刑人员理解情绪背后的经验和行为的重要性，因此进行了情绪的演练。希望通过情绪具体化的演练来让服刑人员的经验、行为和情感变得清晰，从而找出情绪背后的行为或经验的原因。

结束

作业：

（1）自己进行情绪演练，促进对情绪的理解。

（2）思考情绪管理策略，在下一专题进行分享。

四、活动总结

情绪是从经验和行为中产生的，因此情绪的表达有赖于语言和行为。通过活动让服刑人员对情绪进行识别，促进成员对情绪的深入理解，帮助成员认识

情绪的由来和走向，提高情绪感知能力，增强对他人情绪的理解。这一系列认识情绪的活动都有助于服刑人员的情绪觉察和表达。

第四节　调节情绪

一、活动概要

情绪调节是指个体对于情绪发生、体验与表达施加影响的过程。情绪调节涉及对情绪的潜伏期、发生时间、持续时间、行为表达、心理体验、生理反应等的控制和改变，是一个动态的过程。情绪调节的原则是适应情境，有利于心理健康。

服刑人员产生不良情绪的因素是多方面的，主要有环境适应、突发事件、学习劳动、人际交往等因素，亲人的长期不来探望也可能让服刑人员产生低落的情绪。

日常生活中，人们经常会控制并调节情绪，例如：强忍泪水，抑制生气，掩饰害怕，假装快乐等。情绪有好有坏，消极情绪会对人们的生理和心理产生不良的影响，会破坏、瓦解或阻断认知活动；积极情绪会使人们容易对外界的事物感兴趣并接近它，可以协调、组织认知活动。

情绪调节本身是一个社会化的过程，是在社会关系和社会互动的情境中产生和习得的。也有一部分服刑人员过去是因为情绪控制不好，产生了过激行为，才会导致如此境地，所以情绪调节是服刑人员情绪训练中很重要的一部分，通过活动能让服刑人员了解情绪是可以调节和控制的。服刑人员面临的情绪变化也来自不同的方面，让他们了解情绪的可变化性，增强服刑人员情绪调节的能力，学会改善情绪和缓解紧张的方法有利于服刑人员更顺利地完成服刑期的任务。

二、活动流程

进程	活动目标	活动内容	时间	活动素材
导入	1. 接纳自己的负面情绪 2. 学习正确地、有效地宣泄情绪 3. 学会表达情绪	介绍团队，引入专题主题与内容，明确专题团辅目标	5 分钟	
热身	让大家重新熟悉起来	蜈蚣翻身	10 分钟	一块秒表
展开	让成员觉察此时此刻的情绪，了解情绪背后的成因	情绪温度计	25 分钟	背景音乐
	让成员了解"想法"决定情绪，鼓励参与者采取改变想法的方式，调节自己的情绪	情绪 ABC	25 分钟	三个故事
	让每个成员分享令自己快乐的事件，抛掉令自己不愉快的事情，从而达到身心健康	情绪转转乐	30 分钟	两盒彩色笔，每盒十二支；每人两张不同颜色的纸（大小为 A8 左右）；两个小纸盒
结束		活动总结	5 分钟	

三、活动内容

导入

示范指导语：欢迎大家来参加调节情绪专题团体心理辅导，情绪会给我们的生活带来不同的影响。情绪管理就是通过对自己过度情绪的觉察，并以各种建设性的方式加以调节，实现自己对情绪的有效把握和调节。前面几次的活动让大家对情绪有了一定的理解和思考，接下来就是情绪调节训练。希望通过活动让大家了解情绪的可变性，增强情绪调节的能力。

热身

蜈蚣翻身

1. 活动介绍

热身游戏，初步让成员体会和感受个人与其他成员的关系，并且通过游戏的方式，让成员在团体辅导的过程中初步了解融入团体的快乐，从而更愿意投入团体。

（1）将全体成员分成两大组，推荐产生两位组长，两路纵队排好。

（2）全体成员把双手搭在前面成员的双肩上组成一条"大蜈蚣"，开始练习一下"大蜈蚣"跑动，看看彼此是否协调。

（3）接下来开始做"蜈蚣翻身"比赛，要求第一位成员依次从第二、三人拉手处，第三、四人拉手处……一直到队伍最后两位成员的拉手处钻过去，第二位成员、第三位成员……跟随前面的成员一直钻完所有的拉手处。

（4）完成"蜈蚣"翻身用时最少的组为胜。

2. 注意事项

（1）活动要有一定的空间，使得"蜈蚣"可以"蠕动"起来。

（2）要使整条"蜈蚣"顺利"翻身"，每个成员都要快速"翻身"和"蠕动"。

（3）领导者宣布游戏规则后，各组练习5分钟后再开始正式比赛。

展开

情绪温度计

1. 活动介绍

（1）领导者说明"情绪温度计"活动的方式：刻度有0~10度，分别代表不快乐到快乐的程度，请成员以0~10度来表示自己这周的情绪温度。

（2）依成员的温度分布情形分高中低三组。

（3）请各小组成员分享选择此情绪温度的缘由，并谈一谈影响情绪温度的最大因素。

（4）引导成员回到大团体中，请成员分享在小组中对他人印象最深刻、最有感触的地方（不同的想法、不同的处理方式）。

问题引导："心情好吗？心情不好吗？无论你现在的心情如何，请静下心来，闭上双眼，想一想这一个星期以来发生了些什么事呢？它带给你什么样的心情呢？你有怎样的情绪起伏呢？在音乐中仔细回想一下吧……"

2. 讨论分享

讨论在本次团体辅导中自己的收获及感想，注意将自己的真情实感流露出来，不隐藏自己的真实感受和想法。同时，对于其他成员所说的内容，必须遵守保密原则。

3. 注意事项

在讨论影响的因素时，领导者可将备注的相关问题和小组成员述说一下，引导团辅的有序进行。

4. 预期效果

讨论分享是为了让成员对于自己这周的情绪进行回顾并思考产生的原因，认识情绪的可变性及提高情绪觉察的能力，进而逐渐提高调节情绪的意识和能力。

情绪 ABC

1. 活动介绍

成员仔细听下面三个故事，思考并记录每个故事所描述的事件及产生的情绪分别是什么。

（1）荒岛上的鞋子推销员：曾经有两个推销员一起到一个荒岛上，他们发现荒岛上的人们都没有穿鞋。其中一个推销员感到很失望，因为他认为荒岛上的人不穿鞋，就没有进行推销的希望。而另一个推销员感到很兴奋，因为他认为既然岛上的人们不穿鞋，那成功推销的希望就很大。

（2）玫瑰花：A 的看法是这个世界真是太美好了，在这丑陋、有刺的梗上，竟能长出这么美丽的花朵；B 的看法是这个世界太悲惨了，一朵漂亮、美丽的花朵，竟然长在有刺的梗上。

（3）半杯水：两个人都十分口渴，当见到有半杯水时，他们产生了不同的情绪反应。其中一个人想的是还好有半杯水，另一个人想的是怎么只剩半杯水了。

2. 讨论分享

思考为什么面对同一件事，不同的人会产生截然不同的情绪，并发表自己的意见、看法或者感想，随后分享自己所想到的情绪调节方法。

3. 注意事项

故事可以选择录音后现场播放的方式，也可以直接由领导者读出来，但是注意朗读的效果。

4. 预期效果

通过活动让成员了解到情绪 ABC 理论。情绪 ABC 中，A——事件，B——想法，C——情绪。影响人们情绪的不是事件本身，而是人们对事件的看法。对同一件事，不同的人有不同的看法。同一个人对待不同情景下的同一件事也会有不同的看法。人们的想法会受到认知、情景以及心境的影响。

情绪转转乐

1. 活动介绍

（1）游戏开始前，每个成员先拿一支自己喜欢的颜色笔，然后每人派发两张不同颜色的纸。

（2）领导者先给三分钟的时间让成员想一下自己在近期遇到什么快乐的事情和不快乐的事情。然后，让成员在自己比较喜欢的纸上写下让自己快乐的事情，而在另一张纸上写下让自己不快乐的事情。

（3）当每个成员都写下让自己快乐和不快乐的事情后，每个成员将写有快乐事情的纸放到一个纸盒里，将写有自己不快乐的事情的纸揉成一团，扔到另一个纸盒里。然后，每个成员任意地在装有快乐事情的纸盒里抽一张纸。

（4）领导者先向成员强调应该抛弃让自己不快乐的事情。然后，要求每个成员读出自己刚抽取的快乐事情，再让这件快乐事情的"主人"用一两分钟的时间比较详细地说一下这件快乐事情。

（5）领导者在每个成员表达自己的快乐后，要即时地比较明了地解释一下，让其他的成员能更容易分享其快乐。

2. 讨论分享

（1）活动过程中你感受到怎样的快乐传递？

（2）活动之后你有什么样的心得和体会？

3. 注意事项

请成员注意将自己的真情实感流露出来，不隐藏自己的真实感受和想法。领导者强调需要抛弃不快乐的事情，在每个成员表达自己的快乐后，要即时地比较明了地解释一下。

4. 预期效果

在活动的过程中传递快乐，使服刑人员掌握快乐的钥匙。

结束

四、活动总结

领导者总结所讨论到的调节情绪的方式，说明应注意的事项及表达的时机。情绪是每一个人都会有的，正面的情绪给人正面的感受，周围的人也可感到欢乐的气氛；而负面的情绪，若能用适当的方式将它表达出来，可以使我们不为其所苦、所操纵，让生活中的每一步都掌握在我们自己的手中。

第五节　觉察压力

一、活动概要

适当的压力可以帮助人们在学习、生活和工作中提高效率，取得更好的成就，但是如果我们一直扛着压力而不放松，压力就会像大山一样把我们压垮。因此，我们需要及时觉察出自己的压力源，消除压力带给我们的不良影响。

压力指的是个体没有足够能力应对某一重要情景时所引发的心理和生理唤醒。这种唤醒会导致心跳加速，血压上升，肌肉紧张等。也就是说，当生活中很多事情不如我们所预期的那样，我们内心就会有紧张焦虑之感，压力就产生了，并且会影响我们的心理健康。

压力对人的影响是多方面的。高压力可能会使人更加焦虑、郁闷，甚至会让我们的攻击性行为增多。服刑人员如果压力过大，可能会做出更多过激的行为，影响监狱的整体氛围。过低的压力会降低对周围刺激的敏感性，同时低压力可能也会降低服刑人员在服刑期完成任务的积极性。并且在低压力的情况下，服刑人员可能会感到空虚、迷茫，对事情没有热情，不知道自己前进的方向。所以，我们需要正确觉察压力，采取一定的手段使它维持在适当的程度范围内，将压力变成动力。

二、活动流程

进程	活动目标	活动内容	时间	活动素材
导入	在团体互动中，成员相互之间有更多的情感交流，增进自我觉察的能力	介绍团队，引入专题主题与内容，明确专题团辅目标	5分钟	
热身	促进成员之间的互动，活跃气氛，激发参与活动的积极性	桃花朵朵开	10分钟	
展开	让成员对自我压力状态有所了解，促进成员对压力状态的相互宣泄，彼此获得心理上的相互支持	动物星球	40分钟	不同颜色的彩色大卡纸、记号笔
	更好地了解压力产生的原因	我说你画	20分钟	彩色笔、硬纸板
	在相互了解的基础上，认识压力产生的原因	幸福清单	20分钟	彩色笔、硬纸板
结束		活动总结		

三、活动内容

导入

示范指导语：欢迎大家来参加觉察压力专题团体心理辅导，适当的压力可以帮助人们在学习、生活和工作中提高效率，取得更好的成就，但是如果我们一直扛着压力而不放松，压力就会像大山一样把我们压垮。首先我们需要正确地觉察出压力以及压力源是什么，然后再去思考如何调节压力。

热身

桃花朵朵开

活动介绍

（1）所有的团体成员每人代表一朵花。

（2）领导者说："桃花朵朵开。"大家问："开几朵？"领导者回答任意数字，团体成员根据领导者说的数字迅速手挽手围成一个圆圈。未及时入组的成员可以进行现场表演或喊指令。

（3）领导者根据需要不断将成员分开重组。

展开

动物星球

1. *活动介绍*

将不同颜色的彩色大卡纸剪成8~10张大小接近但形状不同的纸片（拼合后仍可复原成一张）、记号笔若干。

（1）活动开始时请每位参与者随意拿一张纸片和一支记号笔。

（2）请参与者思考"假如我是一只动物，一只最能代表自我的动物，我希望自己是什么，为什么？"并将此动物名称写在纸上（只能写一个）。

（3）参与者拿着写好的纸，寻找同色纸片的"动物"同伴，形成新组合。

（4）新组合成员要迅速将不同形状的纸片拼合复原，最先完成组合的"动物星球"将获得奖励，最后完成的要表演节目。

（5）小组交流，集体分享。组内交流，以"我希望……因为……"的方式自我介绍并解释选择代表自己"动物"的理由，然后派代表向所有成员介绍本"动物星球"的成员。

2. *讨论分享*

（1）开展上述活动的每个程序中有什么感想？

（2）交流过程中看到、听到了什么？有何体验？

（3）为什么会选择这种动物，是否反映了你此时的心理状态？

3. *注意事项*

提前准备好相关卡片材料，在活动过程中要和成员进行互动。成员轮流发

表自己的意见、看法或者感想。活动能够反映出每个成员潜意识中对自我的评价，因此，领导者要注意倾听，以便重点提问，深入挖掘个性特质。领导者要鼓励成员发表自己的看法，也可以将"同种动物"引出，鼓励推荐自己、了解他人。每张彩色卡纸在剪裁前先在一面做记号，这样能保证每个人在同一面上写动物名称。剪裁的张数要与每组人数设定相符。

4. 预期效果

让成员对自我压力状态有所了解，促进成员对压力状态的相互宣泄，彼此获得心理上的相互支持。

我说你画

1. 活动介绍

（1）将事先准备好的彩色笔和硬纸板分别发给每位参与者。

（2）参与者根据指令一笔一笔地画，不许问，不许涂擦，不许相互观望。

（3）领导者下指令：先画一个大圆，再画很多条直线，再画一个中圆和两个小的椭圆，再画一个直钩和两个半圆。

（4）参与者将自己的作品展示给大家看，大家从中挑选出最好的作品和最不好的作品（最好的指看起来像一幅画；最不好的指什么也不像）。

（5）请被选出的最好作品的作者 A 和最不好作品的作者 B，讲述自己完成作品的过程。

领导者讲解：这是一个利用心理投射原理进行的心理测验游戏。我并没有想到要大家画出什么，只是想通过这个活动让大家明白：在完成同样一件事情时每个人所感受到的心理压力是不同的。A 的心理压力最大，B 几乎没有什么心理压力。原因是，A 在接受外部工作任务的同时，又不自觉地给自己再下了一道任务（如：我必须，我应该等）。这样任务加任务就使得任务变得复杂化，他执行起来难度就加大，心理压力就大。从这个角度讲，心理压力是我们自己造成的。

2. 讨论分享

（1）从游戏中你感悟到了什么？

（2）谈谈监狱服刑过程中所感受到的种种压力。

3. 注意事项

领导者要对活动进行讲解。提醒成员在画的过程中，注重第一感觉，随心而画，不要询问，也不要和旁人商量。

4. 预期效果

通过心理测验游戏让成员明白心理压力是由自身造成的。

幸福清单

1. 活动介绍

（1）请大家肩并肩围成圈站立。

（2）请大家向右转，前后站立围成圈。

（3）根据指令，请后面的成员为前面的成员敲背、捶肩、捏肩膀，可以向前围成圈走动，边走边敲边唱："敲敲背呀敲敲背呀、捶捶肩呐捶捶肩呐……"

（4）走动两圈以后可以问大家感觉如何？然后再请大家向后转，继续为前面的成员敲背、捶肩、捏肩膀。

（5）如此可以反复多次，等气氛活跃，身体放松后停止游戏。

（6）根据自己的体验，列出所有有助于自己放松的活动，并选出三个效果最好的方法制定一份幸福清单，设定并公布自己想要参与的可以放松且减轻压力的活动清单，特别是那些方便在平时参与的活动。

2. 讨论分享

（1）平时大家处于高压力状态下可能会出现哪些反应？

（2）你通常使用哪些方法对抗压力，效果如何？

（3）你如何实施你的幸福清单？

（4）为什么幸福清单需要张贴出来而不只是写下来而已？

3. 注意事项

（1）活动过程中，领导者最好加入队伍中和大家一起玩游戏。

（2）队形排列可以变化，如果场地小，可以用方阵的形式，也可排成队站在原地活动，也可用小步跑或快步走的形式。

4. 预期效果

引导成员开展感悟和分享，觉察自身的压力以及缓解压力带给自己的激励作用。

结束

四、活动总结

仔细回顾本专题的团辅，大家体会到了压力对自身的影响，压力来源于何处，也了解到快乐是可以自己创造的。快乐其实很简单，只要用心活着，用心去感受，很多时候都可以开心起来，关键在于你自己怎么过。生活中不缺少快乐和幸福，缺的是发现快乐的心。

第六节　应对压力

一、活动概要

人生是由一个又一个的生活事件组成的，有的生活事件很稀松平常，有的或多或少会带给人们压力。

每个人都会感受到来自外界的压力，几乎没有人能逃离压力的魔爪。服刑人员同样面临着来自诸多方面的压力。因此正确地应对压力无疑是重要的专题。在团体辅导中能让服刑人员互相倾诉在日常生活中所遇到的压力，并大声宣泄出来；也可以让他们用运动调节，健康有益的运动具有消耗体能、转移注意、释放消极情绪的效果，尤其是一些比较激烈的带有抵抗性的运动，如参加篮球比赛、长跑等活动。

二、活动流程

进程	活动目标	活动内容	时间	活动素材
导入		介绍团队，引入专题主题与内容，明确专题团辅目标	5分钟	
热身	1. 帮助成员舒缓压力 2. 在音乐和娱乐活动中学会宣泄，释放压力	兔子舞	10分钟	快节奏音乐、音响设备
展开	1. 体会深呼吸放松心灵，舒缓压力的效果 2. 将非理性观念赶跑，学会用理性的观念替代非理性观念	吹跑压力	40分钟	白纸、彩色笔
	1. 通过活动，学会调节紧张情绪，体验放松的效果 2. 掌握自我放松的要领和技巧	音乐冥想放松训练	40分钟	轻音乐
	使成员充满信心地迎接明天	大团圆	10分钟	
结束		活动总结	5分钟	

三、活动内容

导入

示范指导语：欢迎大家来参加应对压力专题团体心理辅导，适当的压力可以帮助人们在学习生活和工作中提高效率，取得更好的成就，但是如果我们一直扛着压力而不放松，压力就会像大山一样把我们压垮。参与完上一个专题，大家都对于压力有所了解，下面的专题就是如何应对压力与压力调节。

热身

兔子舞

活动介绍

（1）事先分组，每组 10～15 人，不宜过多。

（2）让小组成员站成一列纵队，要求后面的成员双手搭在前面成员的双肩上。

（3）领导者站在一边为他们发令，如：左脚跳两下，右脚跳两下，双腿合并向前跳一下，向后跳一下，再连续向前跳两下。全体成员听从统一口令，全神贯注地做出统一动作。

（4）伴随着音乐，全体成员共同跳兔子舞，体验放松操让人放松的感觉。

展开

吹跑压力

1. 活动介绍

（1）可以采用两种姿势。

坐姿：身体坐在椅子上，挺直，腹部微微收缩，双脚着地，与肩同宽，排除杂念，双目微闭。

站姿：双脚立地，分开，与肩同宽，双手自然下垂，排除杂念，双目微闭。

（2）把注意力集中在腹部肚脐下方，用鼻子慢慢地吸气，吸气的同时，想象气流从口腔里顺着气管进入腹部，腹部慢慢地鼓起来。

（3）吸足气后，稍微屏住一下，以便使氧气与血管里的浊气进行交换。

（4）用口和鼻同时将气从腹部慢慢地自然吐出来，好像在轻轻地将所有的紧张和压力吹出去，口、舌、腭感到松弛。

（5）重复以上步骤，直到感到轻松为止。

（这个练习每天可做 1～2 次，每次 10 分钟。经过一段时间的训练，不仅会使人感到心情舒畅、放松，而且，在面临紧张的应急状态下，用此方法可达到迅速解除压力、消除紧张的目的。）

（6）领导者分发白纸和彩色笔，每人一份，彩色笔放在场地中央公用。

（7）成员在纸上写出或画出自己在服刑过程中感受到的压力，并说出自己的想法。

2. 讨论分享

（1）当你改变自己的想法时，是否感到实际上也减轻了压力？

（2）你在工作生活中是否还有其他的一些非理性想法妨碍你？

（3）分享和讨论团队中其他成员的非理性的观念，如：我什么都做不好；我身边的人都不好；我每次都要做到最好等。

（4）分享和讨论替代的理性观念，如：我有的事处理得不错，有一些则不行；每个成员既有优点，又有缺点；我需要找出能取得进步的新策略；在许多场合我都表现得很好等。

3. 注意事项

（1）每个人完成图画或书写后，将所有的纸片挂到墙上，成员分别阐述他们的压力和背后的观念。

（2）领导者可示范引导成员认识非理性观念的影响，使大家明白人的思维方式各有不同，换一种角度思考问题也是一种缓解压力的方法。

4. 预期效果

让成员明白非理性观念对于自己的影响，及时调整自己的非理性观念，学会换一种角度考虑问题，学会舒缓压力的方法。

音乐冥想放松训练

1. 活动介绍

（1）选择一首轻松而舒缓的音乐，配以想象意境的指导语。

（2）选择一个安静的环境，仰卧在床上，将四肢伸展放平，使自己有舒服的感觉。

（3）随着音乐和指导语的播放，呼吸保持深慢而均匀。

（4）意念随着指导语的播放，同时伴随着想象的意境，在想象的同时，感觉到有股暖流在身体内运动。

（5）播放轻柔的音乐，根据心理辅导员的指导语让服刑人员进行想象放松：

我仰卧在水清沙白的海滩上，沙子细而柔软。我躺在温暖的沙滩上，能感受阳光的温暖，能听到海浪的声音，感到温暖而舒适。微风吹来，使我有说不

出的舒畅感觉。微风带走我的思想，只剩下一片金黄阳光。海浪不停地拍打海岸，思维随着节奏飘荡，涌上来又退下去。温暖的海风吹来，又离去，带走了心中的思绪。我感到细沙柔软、阳光温暖、海风轻缓，只有蓝色天空和大海笼罩我的心。阳光照着我全身，身体感到暖洋洋的。阳光照着我的头，我感到温暖与沉重。

轻松暖流，流进右肩，感到温暖沉重。呼吸变慢、变深。轻松暖流，流进我右手，感到温暖沉重。呼吸变慢、变深。轻松暖流，又流回我右臂，感到温暖沉重。轻松暖流，又流进我后背，感到温暖沉重，从后背转到脖子，脖子感到温暖沉重。

我的呼吸变慢、变深。轻松暖流，流进左肩，感到温暖沉重。呼吸变慢、变深。轻松暖流，流进了左手，感到温暖沉重。呼吸变慢、变深。轻松暖流，又流回左臂，感到温暖沉重。

呼吸变慢，变得轻松。心跳变慢，变得有力。轻松暖流，流进右腿，感到温暖沉重。呼吸变慢、变深。轻松暖流，流进右脚，感到温暖沉重。呼吸变慢、变深。轻松暖流，又流回右腿，感到温暖沉重。

呼吸变慢，越来越深，越来越轻松。轻松暖流，流进腹部，感到温暖轻松；流到胃部，感到温暖轻松；最后流到心脏，感到温暖轻松。整个身体变得平静，心里安静极了，已经感觉不到周围的一切，四周好像没有任何东西。我安然躺卧在大自然中，十分自在。（静默几分钟后结束）

2. 讨论分享

（1）今天练习的方法，你感觉舒服吗？是否体验到放松的感觉？

（2）平时你常使用的放松方法是什么？效果怎样？

（3）你是否体会过真正放松的感觉？

3. 注意事项

（1）领导者可以从关注呼吸开始，允许成员发笑，不需要制止，只要平淡地多重复几次就可以了。

（2）训练中语气平和，逐渐地减慢语速，也可事先录好音播放。

（3）放松训练时间不宜超过30分钟。

4. 预期效果

放松训练有让大家感觉到舒缓和轻松就好，但是放松训练不是一朝一夕能够奏效的，必须经过数周乃至几个月的练习，方能收到明显的效果。因此，要持之以恒地训练。通过活动让服刑人员学会释放紧张的情绪，懂得松弛之道。集体体验放松的感觉，掌握自我放松的要领和技巧。

大团圆

1. 活动介绍

（1）指导者请大家站立，围成圆圈，将两手搭在两侧成员的肩上，聚拢静默30秒。通过身体的接触带来温暖和力量，使成员在结束前更实在地肯定团体的团结，体验在一起的感受，获得支持与信心。

（2）轻轻地哼唱大家共同熟悉的歌曲，并随着歌曲旋律，自由摇摆。从儿童歌曲到乡村歌曲，尽量找大家会的，全体人员投入地唱，一首接一首。使全体成员在一个充满温馨而有凝聚力的场景中告别团体，回到改造生活中，留下一个美好的、极有象征性的、难忘的记忆。

2. 讨论分享

（1）回忆整个活动，给你留下最深刻印象的是哪一次活动或者哪一个细节？

（2）你觉得自己最大的收获是什么？

（3）临别前，你最想送给同伴的祝福赠言是什么？

3. 注意事项

（1）领导者可事先征求成员意见，选出大家共同熟悉的备选歌曲。

（2）要求每一个人都要送出祝福赠言。通过相互祝愿，让大家带着信任离开，想到能和大家相互支持、帮助，想到有这么一群伙伴，相信今后在改造过程中会做得更好。

4. 预期效果

团体成员能记住团体中的同伴，同时也相信自己能掌握调节情绪与压力的方法，带着美好的信念迎接美好的明天。

结束

四、活动总结

紧张和疲劳是现代许多人的感觉，对服刑人员而言，他们在单调的监狱环境下，情绪容易紧张焦虑。学会放松，不仅可以松弛自己紧张的神经，而且也是一个人对待生活所应持有的态度。通过应对压力专题将自己的压力释放出来，学会舒缓自己的压力，正确应对压力，可使自己的生活变得不同。

第四章 走近"自我"

有一天，森林里要举行运动会，比赛的项目有赛跑、飞行、爬树和游泳。动物们纷纷报名参加，鸵鸟也来了。它抖动着宽大的翅膀，心想：我拥有硕大的翅膀，我应该参加飞行比赛。老鹰是飞行好手，老鹰的翅膀远远大于小麻雀的翅膀，而我的翅膀比老鹰的大，我肯定能在飞行比赛中战无不胜。

在飞行比赛中，老鹰稳稳地占据着领先的地位，连小麻雀也转眼就飞得没影了，而鸵鸟挥动翅膀却扑腾几米便重重地摔倒在地上。

伤心的鸵鸟在回家的路上遇到了睿智的鹤长老，鹤长老对它说："你应该认真地看看你自己。"鸵鸟在水边反省了一夜，它非常后悔一开始只看到自己硕大的翅膀而看不到自己矫健的大腿。

于是鸵鸟又报名参加了赛跑比赛。它凭借着修长而矫健的腿瞬间就甩开了小白兔、小狐狸等动物，在比赛中获得不错的成绩。

第一节　理论背景

一、服刑人员具有迷失自我的心理特征

在这个信息量巨大、选择众多的时代，个体更多的时候没有办法依靠"最优"的标准进行选择，只能选择最适合的，而只有在了解自己的前提下才能够把握"最适合"这个判断标准。个体或多或少都会有迷失自我的困惑，而这种困惑既有可能是服刑人员走上犯罪道路的重要因素之一，也可能是服刑人员面临入狱这种重大事件时产生的一种状态。迷失自我会干扰服刑改造的效果，因此，服刑人员需要明白自我认识的重要性，客观全面地进行自我认识，并且通过理清入狱这次失败经历对自我的影响，加强对改造的自信心，提高自我效能感以及培养自我调控的能力。

导致个体最终走向犯罪道路的因素有很多，其中一个重要的影响因素就是自我意识的缺失。自我意识是一个人对自己的心理过程和内容的察觉，它的本质就是个体是否了解自己。自我意识能够指导个体建立适当的目标，进而产生实现该目标的动机，并且能身体力行地完成自己的目标。因此，可能存在这么一种情况，个体既然不了解自我，那么就往往没有明确的原则和生活的目标，享乐可能成为最明确的追求，追逐利益能够获得快感进而强化了此类行为，从而无原则地走捷径获得利益，种下了犯罪的种子。

虽然一部分服刑人员不能接受自己已经失去自由而锒铛入狱的现实，出现郁郁寡欢、意志消沉的情况，但由于监狱纪律要求高，生活比较规律且枯燥，所有个体接受公平一致的对待，没有外界各种各样刺激的影响，因此，处于这样环境中的服刑人员常常无须考虑自我的需求，而是行尸走肉般顺利地度过每一天。长期如此，内心的迷失就会日积月累形成情绪的困扰。

个体始终受到负面情绪困扰的重要原因有二：第一就是不能根据自我的需求建立改造目标，这样在监狱度过的每一天都是没有意义的，更容易困在怨天尤人的怪圈中；第二是错误地将入狱的失败经历扩大到失败的自我上，认为坐牢就等同于失败的人生。

二、服刑人员认识自我并发展自我的理论概述

(一) 认识自我的重要性

艾里克森（1963）的自我同一性理论将自我同一性定义为一种对于自己是什么人、未来的发展方向以及在社会中的地位等稳定并且连续的感受，个体在思考这些问题时会体验到混乱、焦虑等不良的情绪。马西亚（1980）进一步将自我同一性理论拓展为四种认同水平：①认同感混乱，也称为角色混乱。这一类个体没有办法解决认同问题，对未来没有概念。②认同感封闭。这一类个体虽然能够获得认同感，但是这种认同感是从他人中获得的，而不是自发地寻找最适合自己的方向，即对权威的接纳，属盲目服从。③认同感延续。这类个体体验到危机，正在寻求答案。④认同感达成。经过努力选择了确定的目标和方向，达到成熟的自我认同，获得认同感的个体能够自发地确立目标，没有认同感危机（Shaffer & Kipp，2011）。虽然一般而言个体在 24 岁左右能够获得自我认同感，但这也并不是必然的，且尚未获得认同感的个体是非常痛苦的。因此，服刑人员有必要趁着简单而充实的监狱生活的机会，积极主动地去思考自我意识问题，探索自我，明确自己真实的需求，建立改造目标，为未来生活奠定一个正面积极的基础。

(二) 探索自我的途径

个体明确了自我探索的需要之后，就需要考虑认识自我的途径。自我知觉和社会反馈是个体获得自我认识的两个重要来源。自我知觉理论指出，个体可以通过时刻关注在各种情景下自己的行为来获得关于自我的信息，同时个体对自我的认识也会受到他人反馈的影响，赞赏为主的反馈会使得受赞赏的行为得以强化保留下来，并且个体也会以友善的方式待人，而贬低为主的反馈会使得个体以敌对的方式待人。个体可以通过比较自己眼中的自我以及他人眼中的自己对自己进行全面客观的整合（寇彧、张庆鹏，2017）。

个体可以通过"理想自我"以及"现实自我"的比较来挖掘自己的需求。现实自我指的是个体目前的与"我"有关的所有状况，即个体从主观的角度看待自己的现状。理想自我指的是个体理想状态下的形象，是所要追求的自我形象，如实现自我的目标、对未来的自己会成为什么样的人的期望。现实自我跟理想自我之间的差距就是个体可以追求的目标，每完成一个小目标就向着理想自我靠近一步，这个过程中获得的成就感会成为下一个阶段目标的动力，形成一个良性循环。但是要注意的是，也可以调整理想自我的期望值，否则不断地失败只会带来无尽的绝望，不宜于自我发展。

然而失败的经历也不都是坏事。失败是一种损失的状态，人对于损失比对于得益更加敏感，失败在给个体带来负面的情绪以外，更重要的是能够促进个体对自我进行反思。个体为了避免失败再次发生，必定会深究失败的原因，比如：自己在什么地方做得不够好，哪个环节出了问题等。当然，有一部分个体不愿意接受失败，不愿意承认这段失败的经历有可能是因为个体具有一个错误的信念：一旦承认了失败，就等于承认了我是一个失败的人。"失败的经历"不等于"失败的我"，懂得从失败中领悟反而是一个难能可贵的品质。失败总是能够让自我获得更多的感悟，如果不在乎失败与否，就说明这件事情并不是个体所追求的，可以做出取舍；如果在乎事件结果，则能够从失败中吸收经验，获得改进自我的方向，这时的失败可能是一个默默无闻的"老师"。服刑人员应当客观地看待监狱经历，以此为契机，深刻地反思自我的需求，而不是只顾懊恼，故步自封。

（三）把控自我，提高自信心

班杜拉于 20 世纪 70 年代在其著作《思想和行动的社会基础》中提出自我效能感并将它定义为：人们对于自身能否利用所拥有的技能去完成某项工作行为的自信程度。

自我效能感并不是凭空产生的，个体能够从三个方面获得自我效能感：第一是以往的成败经验，个体之前成功地完成过该任务证明个体具备完成这项工作的能力；第二是替代性经验，即他人完成该项任务的成败也能影响个体的自我效能感，若一个与个体比较类似的他人能够完成该任务，个体对完成该任务的自我效能感就会比较高，反之则获得低自我效能感；第三则是从一些鼓励性活动中获得对未知事件的高成就动机（高申春，2000）。监狱生活会诱发失败的体验进而降低个体的自我效能感，但有研究证明身体清洁行为（如洗手）或者回避行为能够起到勾销过往的作用（Briñol, Gascó, Petty & Horcajo, 2013；Lee & Schwarz, 2010；Li, Wei & Soman, 2010；Xu, Zwick & Schwarz, 2011），即降低先前的刺激对后续的认知和行为带来的影响。服刑人员在体验到监狱生活造成的低自我效能感时，可以通过洗脸等清洁活动，或者将感受到的不良体验写下来并且将该纸毁掉，以此降低情景对自我意象的影响，达到恢复自我效能感的作用。

第二节 团辅方案

一、性质和目标

1. 团体性质

封闭式、教育性、发展性团体，整个团辅过程若无特殊情况，参与人员固定不变。

2. 总体目标

通过四个阶段的专题活动帮助服刑人员认识并发展自我。

3. 具体目标

第一阶段的专题活动为"学做'自我'的观察家"。参与人员通过比较自己与他人眼中的自我，以及理想自我和现实自我的差异，体会到对自我的认识并不充分，促进参与人员增强自我反思的动机，意识到全面认识自我的重要性，为展开后续的自我认识和发展专题奠定基础。

第二阶段的专题活动为"'自我'不是是非题"。即鼓励参与人员客观地看待自我，既看到自身的优点也看到自身的缺点，并指出不需要以绝对的好坏标准为自己贴标签，而是应当看到自我的独特性，并以此发展自我，每个人都是优劣并存的矛盾体。

第三阶段的专题活动为"'失败的经历'不等于'失败的我'"。参与前期团辅活动能够帮助参与人员相对全面地认识自我，在此基础上，参与人员需要谋求发展自我的途径，悦纳自我，增强对未来生活的自信心。在了解自我需求后，参与人员还需要扫清一些典型的障碍：第一，将入狱这一失败经历错误地扩大为失败的人生而导致自信心缺乏；第二，没有改造目标，对未来生活尚未做出打算或者没有办法确立未来目标。

第四阶段的专题活动为"管好自己，我能行"。此阶段培养服刑人员的自我效能感，训练其自我调控能力，并且提供一些应对自我迷失的小策略，本活动根据具身认知的观点制定小策略，研究发现通过清洁身体以及回避行为能够降低先前刺激对后续认知和行为的影响，相比于听音乐等管理方式，本活动提出的具身小策略更适用于设备材料缺乏的监狱生活。

二、成员和时间

1. 团辅对象

情绪沮丧忧郁、缺乏兴趣、消极悲观、对前途无望、无改造目标的服刑人员。

2. 甄选成员

服刑人员自愿参加，监区警员通过细致观察并上报具有上述问题且具有改善自我意愿的服刑人员，并以朱千（2007）编制的服刑人员自信心评定问卷（见附录二）为辅助参考，筛选出自信心缺乏但具有改善动机的服刑人员，拟定每次组成 15 个人的团辅队伍。

3. 团辅时间及次数

活动共分为四个专题，每个专题不多于 120 分钟。

三、走近"自我"团辅流程表

专题	专题目标	专题活动	活动素材
学做"自我"的观察家	1. 意识到关注自我的重要性，进行自我评价，剖析自己的性格、待人处事的方式等 2. 从自己和他人眼中自我的差异中整合全面的自我，从理想自我和现实自我中体会自己的需求	1. 你的名字 2. 猜猜我是谁 3. 我的房间	团体辅导规范海报、若干A4纸、两种颜色的画笔
"自我"不是是非题	1. 挖掘自身的优缺点，直面真实的自己 2. 认识到自己是独特的个体，客观看待自己的重要性，加强对自我的肯定	1. 自我大风车 2. 棒打老虎，鸡吃虫 3. 这是我的食指	上一专题布置的"自我介绍信"作业，"自我大风车"问题，若干印泥、小纸片以及铅笔

（续上表）

专题	专题目标	专题活动	活动素材
"失败的经历"不等于"失败的我"	1. 认识到人生是由失败和成功共同构成的，失败比成功更深刻，要从失败中领悟自我 2. 明确人狱带来的只是一段不愉快的经历，不能轻易地等同于稳定持续的不良人格特质，不代表个体长此以往只能注定是一个失败的角色	1. 态度决定评价 2. 不变的小木块 3. 损失比天大	模糊情景小故事，红色、蓝色、黄色、绿色、原木颜色的小木块，获益—损失框架效应决策问卷
管好自己，我能行	1. 树立改造目标，让目标指导自己的行动，控制自己，做自己的主人 2. 摆脱畏难不作为等不良风气，树立我能行的信念，提高自我效能感，践行自主订立的改造目标	1. 观看《幼鹰学习飞翔》的视频 2. 优势喷泉 3. 自我控制小策略	《幼鹰学习飞翔》的视频

第三节　学做"自我"的观察家

一、活动概要

　　我们经常可以听到"没有任何人比你自己更了解自己"这句话，但事实上你有多了解你自己呢？请你在五秒钟之内说出你最喜欢的食物、最喜欢的歌和最喜欢的颜色。大部分的人都会因为犹豫而无法完成。这些问题都不难回答，五秒内无法回答是因为人们可能从未认真地观察自我，思考过这些问题。那么你有认真思考过你是什么样的人，你想过什么样的生活等重要的选择吗？

认识自我不仅仅是服刑人员需要关注的问题，也是每一个人在发展自我的过程中必须经历的阶段。

简单平淡的监狱生活可以成为一个认识自我的契机，服刑人员应当把握这个机会。本专题的目标在于揭示服刑人员尚未充分认识自我的现象并指出认识自我的重要性，借助"猜猜我是谁"的小活动让服刑人员以画画的形式进行自省，并且要求成员互相猜想画中的人物是谁，以此体现自己眼中的自我与他人眼中的自我之间存在的差异，从他人的反馈中进一步地发现自己、调整自己。然后再通过"我的房间"的小活动让服刑人员用一种颜色的画笔凭借回忆画出家中的房间的情况，以及用另一种颜色的画笔对房间进行改造，画出理想中的房间的模样。将现实房间与理想房间的比较引申到现实自我和理想自我的差距，另一个画笔改造的细节象征着服刑人员可以追求的目标，激发服刑人员追寻理想自我的动机。

二、活动流程

进程	活动目标	活动内容	时间	活动素材
导入	简要介绍情况，增加服刑人员对团辅活动的了解，削弱成员的戒备心	简要引入团辅活动的主题——走近"自我"以及介绍系列团辅活动安排	5分钟	
热身	领导者、成员间互相熟悉，建立信任关系，并且共同订立团体辅导规范	你的名字	25分钟	团体辅导规范海报
展开	体验自己眼中的自我和他人眼中的自我的差异	猜猜我是谁	35分钟	若干A4纸以及画笔
	体验现实自我与理想自我之间的差距	我的房间	35分钟	若干A4纸以及两种颜色的画笔
结束	点明认识自我的重要性	1. 作业 2. 活动总结	20分钟	

三、活动内容

导入

示范指导语：今天很高兴可以跟大家聚在一起，欢迎各位参加此次走近"自我"的系列团辅活动。在这个活动之前，大家可能相互了解并不多，但是在这个活动过程中，我希望大家以朋友相待，共同携手经历四次"自我"探索之旅。团辅活动并不神秘，都是一些有趣的小游戏，只要大家愿意投入心思，用心去体会每个游戏背后的含义，相信都能够更加了解自己的需要，更有信心去面对生活。

热身

你的名字

1. 活动介绍

所有成员围坐在一起，每位成员轮流向其他成员说出自己希望被称呼的名字，这个名字既可以是以往的绰号，也可以是临时取的名字，然后需要说明这个名字的含义，代表了自己身上的什么特征。每位成员介绍结束后，其他所有成员在领导者的带领下，一起向介绍的成员喊："×××，欢迎你!"

2. 注意事项

（1）领导者先向成员介绍自己的称呼，带动成员参与到自我介绍活动中。

（2）共同订立团体辅导规范。领导者向成员宣读已制作好的基本团体辅导规范海报，并且邀请成员积极提出自己的意见，所有成员协商并且达成协议，在接下来的活动中共同遵守最终制定的规范，最后在海报上签名，将海报贴到显眼的地方。（团体辅导规范内容可参见附录一）

展开

猜猜我是谁

1. 活动介绍

向每位成员分发 A4 纸和画笔，邀请每位成员以任何形式画出自己，可以在画旁边写上一两句话描述自己，但不可以写上自己的名字，画的过程中要求各位成员专注于自己的画作，不要偷看别人的画。画好之后，交给领导者。领导者随机拿出一张画作，邀请 2 ~ 3 名成员说说对这张画的理解，然后再请画的主人向大家介绍画的含义。

示范指导语：世界上很多著名的画家都喜欢画自画像，自画像中往往能够反映画家的境遇，那是因为"画自己"本身就是一次认识自我的历程。请大家在 A4 纸上画自画像，我们不是画家，这个自画像没有美丑之分，你们可以按照自己的意愿画，唯一的要求就是能够体现你自己的特点，你可以写实地画自己的外貌，也可以画能象征你特点的事物，如动物、你的兴趣、你最与众不同的地方等。你可以再写上 1 ~ 2 句话去描述你自己，但不可以写上名字。请大家专心画自己的，不要偷看别人的画，画完就把画交给我。

2. 讨论分享

示范指导语：大家看一下我手上的这幅画，你们看懂了吗？你觉得这是谁？下面请几位成员跟我们说说你对这幅画的看法……好的，大家对这幅画都有自己的看法，下面请这幅画的主人来解释一下他的自画像，前面几位成员有成功理解你的自画像吗？当其他人对你的画提出了别的解读时，你有没有一些特别的感受？你会认为别人是在胡说八道吗？这些不同的看法有跟你相符合的地方吗？

3. 注意事项

领导者要阻止成员对画的内容和效果进行毫无根据的恶性评价。

4. 预期效果

成员自己眼中的自画像与他人反馈的自画像信息存在差异，从他人反馈的信息当中可以发掘到自己之前没有留意到的自我的其他方面。

我的房间

1. 活动介绍

向每位成员分发 A4 纸以及两种颜色的画笔，请各位成员用一种颜色的画笔画出自己之前曾经住过的房间，如果画不出来可以借助文字表示，然后用另外一种颜色的画笔在已经画好的房间的基础上进行改造，任意加上自己喜欢的布置，甚至可以重新画一个全新的房间。

示范指导语：接下来还是需要大家画画，刚刚画自己时大家可能会觉得有点困难，因为那是很抽象的，现在我们来画一点具体的东西。请大家画自己曾

经住过的房间……好，再拿起另外一种颜色的画笔，大家有一个改造房间的机会，你希望这个房间可以做出哪些改变呢？

2. 讨论分享

示范指导语：请大家看看自己手上的画，你后来用另外一种颜色的画笔画出的画改变多吗？说说你都改造了些什么。如果你对房间的改造很少，说明你对自己的房间很满意吗？如果我们用你曾经住过的房间代表你的现实自我，用你按照期望改造过的房间象征你的理想自我，你对现实自我与理想自我的差距有什么看法？

3. 预期效果

将现实自我与理想自我的差距具象化，让成员增加追求理想自我的动机。

结束

作业：

尝试着写一封自我介绍信，介绍自己的客观信息（如年龄、性别、家乡等），描述自己的外貌特征、兴趣爱好等相对具体的信息，归纳自己的性格、为人处世的方式（可以通过叙事的方式体现）等较抽象的信息，并且对理想的自我形象进行细致的描述。

四、活动总结

为了达到认识自我的目标，个体既需要通过自我反省获得关于自我的认识，又需要根据来自他人的社会反馈对自我进行调整。

"猜猜我是谁"活动体现了自我知觉和社会反馈都是自我认识的重要途径，自我知觉可以说是认识自我的基础，人如果不能够自省，就算他人给予再多的反馈，也不能够帮助改善自我；而人如果将他人的反馈拒之门外，那就会自我封闭，无法正常地与人交往，更不可能适应社会。

"我的房间"活动体现了自我的发展性，认识自我的目的是发展自我，现实自我是个体发展自我的起点，现实自我与理想自我的差距，就是发展自我的征途。本专题活动期望能够唤起成员对自我的关注，让成员从发展自我的角度来看待认识自我的重要性，为后续的专题活动进行铺垫。

延伸训练预期结果：自我介绍信比较片面，对理想自我的期望不符合实际。

第四节 "自我"不是是非题

一、活动概要

相比于凡人，天使和神仙应是品德高尚的化身，无奈天使中有过于自信企图代替神的堕落天使路西法，神仙中也有好色心邪被贬下凡间的猪八戒。神都不一定是完美的，那更何况是人呢？常言道，"金无足赤，人无完人"，这不是无奈的叹息，而是一句真诚的劝告。人不完美，人何需执着于完美呢？所谓没有痛苦就无所谓快乐，倘若所有人都是"完美"的，世界大概也会变成千篇一律，少了很多的精彩吧。正如世界没有一模一样的树叶，人也没有完全一样的两个人，每个人都应该珍视独特的自我。客观地看待自我，认识自我的独特性，直面自身的优缺点。将个体的特征标签为优缺点本身就是一种先入为主的做法，缺点是自己身上不尽如人意的地方，但也不能把缺点看作一文不值，不应该将一种特质简单地归类为优点或者缺点。日常生活中不难发现，有些人性子比较急，遇事更倾向于立刻采取行动。你可能会想到跟别人产生争执时，性子急的人可能会动手动脚，冲动鲁莽；但如果这个性子急的人碰上的是一个犯罪事件，立刻采取行动去救援的人可能往往也是他吧！因此，很难轻易地对人的特质进行判断，切忌妄自菲薄。

本专题的目标在于协助服刑人员尽可能挖掘自身的特点，并且以客观的角度看待这些特点，主要在于改善其看待缺点的态度，避免缺点对个体评估自我形象带来的过分损害，阻碍自我发展。借助"棒打老虎，鸡吃虫"活动，让成员体会到虽然老虎的形象比虫子威武数十倍，但是在一些情景下它们两个是平等的。自我的各个方面都具有不同的价值，除非自己在某方面看得重一点；借助"这是我的食指"活动，要求成员观察自己的拇指印，通过在众多拇指印中重新找回自己的拇指印的活动，让成员体会到自我的独特性。

二、活动流程

进程	活动目标	活动内容	时间	活动素材
导入	重申认识自我的重要性，并且引入本次专题	回顾上一专题，点评上一专题作业完成情况等	15分钟	上一专题布置的"自我介绍信"作业
热身	再次促进了解自我，并且热络气氛	自我大风车	15分钟	"自我大风车"问题
展开	体验客观看待自身优缺点的重要性	棒打老虎，鸡吃虫	35分钟	
	体验自我的独特性	这是我的食指	35分钟	若干印泥、小纸片以及铅笔
结束		1. 作业 2. 活动总结	10分钟	

三、活动内容

导入

示范指导语：上次专题活动中不知道大家玩得开心吗？相信大家在上次的活动中也发现了自己对自己的了解是不够的，于是我让大家回去之后写一封自我介绍信，尽可能把自己的情况都写下来。有哪位成员愿意大方地跟我们分享自我介绍信呢？

…………

大家觉得这封自我介绍信好吗？大家现在对×××是不是更加了解了呢？还有一些地方不太清楚是不是？大家是不是觉得很难把自己的所有信息都写下来？这是很正常的，但我想先恭喜大家，你们已经意识到认识自我的重要性了。这是我们第二次的团辅活动，这次活动就是为了让大家能够更客观全面地认识自己。

热身

自我大风车

1. 活动介绍

领导者准备如下 10 个问题，要求成员每个问题都要回答"是"或"不是"。如果回答"是"就要站起来，如果回答"不是"就坐着，尽可能快地进行回答。

"自我大风车"备选问题：

（1）表层问题。

①你喜欢运动吗？

②你会做饭吗？

③你觉得自己帅吗？

（2）需要考虑的问题。

①你跟朋友的关系好吗？

②如果你听不清别人说的话，你会要求他再说一遍吗？

③你擅长表达自己的情绪吗？

④如果好朋友欠钱不还，你会不好意思开口要回来吗？

⑤如果有人插队，你会阻止他吗？

⑥你是一个见义勇为的人吗？

⑦你会不会常常在晚上后悔白天自己做过的事？

示范指导语：不知道大家之前有没有玩过大风车这个游戏？我准备了一些问题考考大家的反应能力，每个人都要参与到这个游戏当中，如果你要回答"是"，你就站起来，如果你要回答"不是"，你就坐在椅子上，尽量快地做出回答。如果选错了，要主动报告出来。

大家准备好了吗？第一个问题是，你喜欢运动吗？……

2. 讨论分享

示范指导语：大家有没有发现有些问题回答得快，有些问题回答得慢？你有留意到其他人跟你从头到尾都做出一样的回答吗？那些答不出来的问题可能是自己从来没有想过的，是你不了解的部分。

3. 注意事项

问题设置有讲究，既要包含相对客观的提问，也要设置涉及内在自我层面的问题。

展开

棒打老虎，鸡吃虫

1. 活动介绍

首先询问各位成员比较喜欢老虎还是虫子，如果要从这两种动物中选择一种来代表自己，会选择哪一个？然后进行"棒打老虎，鸡吃虫"游戏，在这个游戏中老虎和虫的地位是平等的，都有可能为成员带来胜利。在不同的环境中，你平时不看重的东西，也可能发挥重要作用。

示范指导语：大家会用什么词语来形容老虎呢？威武？那么又会用什么词语来形容虫子呢？弱小？那如果一定在这两种动物中选择一种来代表自己，你们会选择哪个呢？选老虎的请举一下手。

好，大家都比较喜欢老虎嘛。下面我们来玩一个小游戏，叫作"棒打老虎，鸡吃虫"。这个游戏其实跟剪刀石头布非常类似，规则是棒子能把老虎打死，老虎可以吃鸡，鸡可以吃虫，虫子会蛀木棒。现在请两位成员来体验一下这个游戏。

2. 讨论分享

示范指导语：他们两个人是不是老虎、棒子、鸡和虫子都喊过呢？既然不喜欢虫子，那为什么玩游戏的时候会喊虫子呢？玩了这个多轮游戏，试过喊虫子时获胜吗？

3. 注意事项

游戏进行大概 10 轮，计算一下喊虫子获胜了几次。

4. 预期效果

成员发现确实所有口令都被喊过，相比于虫子这种动物，成员更喜欢老虎。但是在游戏中，虫子和老虎的地位是平等的，都有可能获胜。以老虎代表个体心中本来就很认可的特质，以虫子代表不太受到认可的特质，这启示个体自己本来没有受到重视的特质在某些情景下也是有可能会发挥作用的。

这是我的食指

1. 活动介绍

向每个成员分发一模一样的小纸片，让成员将食指手印印在小纸片上，并且在背面写上自己的名字。告知成员需要仔细观察食指手印，待会需要凭印象找出属于自己的食指手印。

示范指导语：接下来是寻找手指印的小游戏，首先请大家将食指手印印在小纸片上，并且在背面写上自己的名字。待会我会把大家的指印收集起来，然后每个人需要寻回属于自己的食指手印。所以你们记得要仔细观察自己的指印。为了保证游戏的公平性，请大家不要留下特别的记号。

2. 讨论分享

示范指导语：你是怎么找到自己的食指手印的呢？你觉得寻找的过程困难吗？你主要看的是哪个地方？大家都分享一下自己的食指印的特点吧。

3. 预期效果

成员意识到每个人的指印都是不同的，每个人都是特别的。

结束

作业：反思自己最大的缺点是什么，思考在什么样的情景下这个特质能够帮助自己。

四、活动总结

本次专题主要是为了让成员能够客观地看待自己身上的特质，不要轻易地将独特的自我中的任何一部分标签为好或者坏。

"棒打老虎，鸡吃虫"活动体现了不同特质都有价值，重新开始认真地看待自己的特点，结合不同的生活场景发掘各种特质对日常社会活动的价值，从全新的角度客观地看待自我，削弱以往的自卑思想的影响。在脑海中演练也是一种训练自我的方式，这样不仅能够提高真正遇事时候的反应力，也能够更好地善用自身的特点，事半功倍，有利于成功地应对千变万化的社会环境，从而增加个体对社会生活的适应力。

"这是我的食指"活动体现了自我的独特性。每个人都是独一无二的个体，发现自己与其他人的不同，这种不同是不需要刻意追求的，是根植于每个人的身上的。个体在创造自己的精彩人生时，就应该立足于自我的独特性，不要过分地与他人的生活进行比较，而应该根据自己的内在特点，积极开发自己的人格，不断地根据社会反馈进行调整。

延伸训练预期结果：扭转成员对自身某些特质的厌恶，促进个体客观地看待自我。

第五节 "失败的经历"不等于"失败的我"

一、活动概要

服刑是一个重大的挫折事件，很多服刑人员都可能有点不能或者不想接受这个现实。服刑人员往往认为这是一个自我保护的机制，否定这段经历是为了不让这段痛苦的经历影响自我。这个解释的潜台词是这段失败的经历会入侵到自我中，污染自我，因此才需要启动自我保护机制。而实际上，"失败的经历"并不能直接等同于"失败的我"。

人的人格特质在青春期结束后就已经相对稳定，也就是说大部分的个体在入狱之前，自我概念就相对稳定地形成了。人都有维护自我道德意象的需求，个体害怕承认服刑的现实，实际上是害怕自己成为一个所谓的坏人。这个心结反而会使得这段经历消极的方面对个体影响更深。因此，为了应对这个挫折事件，个体应摆正自己的心态，即"失败的经历"不能等同于"失败的我"。

更进一步说，承认这段巨大的挫折经验还具有积极的效果。众多决策心理学的研究认为个体对损失比收益更敏感，相比于成功，失败的经历能够让个体更深刻地认识自我的某些侧面。借助"不变的小木块"小活动，向成员展示漆上不同的颜色是不会改变木块的本质的，就像失败的经历不会入侵到自我当中；借助"损失比天大"活动让成员发现自己对损失的感知比对收益的感知更敏感，失败能够更加刺激个体深刻探索自我的动机，鼓励成员把握住这种逆境带来的挑战。

二、活动流程

进程	活动目标	活动内容	时间	活动素材
导入	重申客观对待自我的重要性，并且引入本次专题	回顾上一专题，点评上一专题作业完成情况等	15分钟	
热身	通过模糊情景故事，让成员意识到自己的先入为主，内心的态度无形地影响着个体	态度决定评价	15分钟	模糊情景小故事
展开	使成员认识和体悟到，同一客观现象会产生不同认知体验	不变的小木块	35分钟	红色、蓝色、黄色、绿色、原木颜色的小木块
	使成员认识到，思考时的参照框架不同，决策的结果就不一样	损失比天大	35分钟	获益—损失框架效应决策问卷
结束		1. 作业 2. 活动总结	10分钟	

三、活动内容

导入

示范指导语：欢迎大家参与到第三次专题活动中！上次活动结束后，我让大家回去反思最困扰自己的缺点是什么，以及想想在什么时候这个特质反而有积极的作用？哪个成员愿意跟大家分享一下自己的缺点，这个机会非常难得，可以让大家都帮你想想这个缺点的用处。

…………

第三次专题活动的主题是"失败的经历"不等于"失败的我"，怎么面对服刑这个重大挫折事件，相信这是大家最关注的问题，也是大家在服刑期间最急需解决的问题。通过今天的活动，我希望大家能用全新的角度看待这个问题。

热身

态度决定评价

1. 活动介绍

示范指导语：我想给大家讲一个小故事。从前，有一个女生长相清秀，由于年纪尚轻，比较不懂事，平时挥霍无度，偶尔还会发一些小姐脾气，但有一个男人始终陪伴着她。可是有一天，一场车祸夺走了她一切的美好，这个美丽的女孩子毁了容，失去了双脚，失去了工作，失去了未来。女孩才20多岁，还有漫长的人生。你们猜这个男人会怎么选择？是离开她还是继续默默地守候？那如果这个男人是她的父亲呢？

2. 讨论分享

示范指导语：为什么大家在认为这个男人如果是她的父亲的时候就改变了原来的选择呢？有成员愿意跟大家分享一下自己的感受吗？

…………

如果联系到服刑这件事情上，大家又有什么别的想法吗？

3. 预期效果

成员意识到自己先入为主地认为那个男人是她的男朋友，并且以这个默认的态度去预期那个男人的选择。这说明内在的态度会影响个体后续的判断和行为。面对服刑这个事件，个体也会先入为主地认为这是一个负面的事件，而且负面的情绪会阻止个体采用理性思维去衡量服刑真正带来了什么样的影响。

展开

不变的小木块

1. 活动介绍

向成员展示原木颜色的小木块，询问成员小木块是什么，有什么用途等。随后一起展示红色、蓝色、黄色以及绿色的小木块，询问成员这些小木块跟刚刚的小木块的区别。进一步追问这些小木块的本质是否产生了变化。

示范指导语：经过了小小的热身之后，我希望大家能够尝试着用一个新的角度看待服刑这件事，至少愿意花点时间再认真地想想服刑是不是真的那么可怕。那什么是全新的角度呢？大家请看看这里，这是什么？……好的，这是一个小木块，大家可以发散思维想想这个小木块有哪些用途？

这里还有另外的小木块（展示其他有颜色的小木块），这些又是什么呢？跟之前的小木块有什么区别呢？那这些小木块又能够干什么呢？

2. 讨论分享

示范指导语：这五个小木块能给你们带来什么样的感受呢？再仔细想想这些小木块的区别，而这些区别对小木块带来了什么影响？

3. 预期效果

成员意识到小木块涂上其他颜色，也不影响小木块的本质。颜色在此象征着"污染"，服刑可能也会被错误地看待成一种"污染"，既然小木块的本质没有受到影响，成员应该重新审视服刑对自我的影响。

损失比天大

1. 活动介绍

向每位成员发放经典的获益—损失框架效应决策问卷（Hastie & Dawes, 2016），然后向成员公布经典的心理学实验结果。

示范指导语：我有一个心理学小实验想跟大家分享，下面给大家 5 分钟的时间思考下问卷上的两个题目。

获益—损失框架效应决策问卷

备择题目 1：

想象一下，你刚刚得到 1 000 美元，下面两个选项你会选择哪个？

A 选项：确定获得 500 美元。

B 选项：投掷一枚硬币，如果正面朝上你获得 1 000 美元，如果正面朝下你获得 0 美元。

想象现在给你 2000 美元，你会选择下面哪个选项？

C 选项：你必须马上返还 500 美元。

D 选项：投掷一枚硬币，如果正面朝上你返还 0 元，如果反面朝上你返还 1 000 美元。

备择题目 2：

假设你患了某种绝症，你会选择哪种治疗方式？

外科手术：在 100 个接受手术的患者中，有 90 人手术后还活着，有 68 人一年后还活着，34 人 5 年后还活着。

放射治疗：在 100 个接受放射治疗的患者中，所有人治疗后都还活着，有 77 人一年后还活着，22 人在 5 年后还活着。

2. 讨论分享

示范指导语：有多少成员第一题和第二题的答案是不一样的？其实 B 和 D 选项本质上是一样的，大家可以尝试着计算一下。如果 B 和 D 选项是一样的，那么是什么改变了我们的选择呢？请一位成员跟大家分享一下自己的感受吧……那将这个结果类比到服刑这件事情上面，大家又有什么看法呢？

3. 预期效果

让成员意识到是损失框架还是获益框架影响了最后的判断。也就是说，相比于收益，个体对损失更敏感。服刑就是一个损失框架，个体对服刑更敏感，个体应把握住这个改造的机会，更深刻地认识自我，从苦难中成长。

结束

作业：尝试着做一个服刑改造计划，既然意识到服刑并不一定是一件坏事，就需要利用服刑期间为自我发展做准备。

四、活动总结

本次专题致力于破除服刑人员对服刑的错误看法：不肯接受服刑的现实或者因认为服刑无意义而抗拒服刑。

“不变的小木块”活动通过观察小木块的变化，感悟到颜色的改变并没有影响木块的本质，向服刑人员传达失败的经历不能污染自我的本质的信息，让其摆正服刑态度，促进其运用理性思维重新认识到服刑的意义。

“损失比天大”活动通过完成获益—损失框架效应决策问卷，个体对损失更关注，将此效应引申到服刑是一个改造自己的机会。既拥有足够的时间去反思自我，也能够借助监狱生活的简单平淡，排除社会中无形的干扰，正是个体真正认识自我并制定发展自我蓝图的好机会。

延伸训练预期结果：成员制订好计划，但存在实施计划的困难，可能存在订立的计划不合理，或者自己没有依照计划行事的情况。

第六节　管好自己，我能行

一、活动概要

　　自我效能感跟自信非常类似，指的是个体对自己做某一件事时能在何种水平上完成的主观信念。高自我效能感的个体对自己完成某项任务的能力评价比较高，往往具有更强烈地动机，促进真正实施行动的效果。只说不做与付之行动只有一线之差，去尝试尚且还有成功的机会，但是不进行尝试那就肯定不能成功。可惜的是，自我效能感低的人在尝试之前就已经否定了自己，错失了很多珍贵的机会。在三次的专题活动培养起来的强烈的发展自我的动机的基础上，个体想要将信念转化为现实，需要切实的行动，为此必须提高自我效能感以及提高自我控制能力。

　　本次专题是整个系列的最后一次活动，目的在于让成员相信"我能行"！借助《幼鹰学习飞翔》的视频以及"优势喷泉"活动，让成员增强自我效能感，并且与以往的团辅活动不同的是，我们不仅通过活动让成员产生感悟，还会根据具身认知的观点提供一些适合监狱生活的自我控制小策略，如清洁身体以及将心事写下来撕烂并丢弃。

二、活动流程

进程	活动目标	活动内容	时间	活动素材
导入	重申悦纳自我的重要性，并且引入本次专题	回顾上一专题，点评上一专题作业完成情况等	15分钟	
热身	体验到自我效能感的力量	观看《幼鹰学习飞翔》的视频	15分钟	《幼鹰学习飞翔》的视频

（续上表）

进程	活动目标	活动内容	时间	活动素材
展开	通过他人肯定，提高自信	优势喷泉	35分钟	
	学习掌握提高自控力的方法与技巧	自我控制小策略	35分钟	
结束		活动总结	20分钟	

三、活动内容

导入

示范指导语：欢迎大家来到最后一个专题的活动，上次专题最后布置的作业是制订一个改造计划，有谁能够勇敢一点跟大家分享一下自己的改造计划吗？……既然大家都有了改造计划，那么有没有想过怎么实施呢？请大家看看自己手中的计划，这样的计划合不合理呢？执行起来会不会有困难呢？要怎么应对这些困难，顺利地执行计划呢？本次专题活动想要跟大家分享的就是提高自信心，实施改造计划，我能行！

热身

观看《幼鹰学习飞翔》的视频

1. 活动介绍

所有成员认真观看视频，并进行感受分享。

示范指导语：今天首先请大家欣赏一个小视频，在看的过程中，希望大家思考这对于我们进行服刑改造有什么样的启示。

2. 讨论分享

示范指导语：视频结束了，下面说说你有什么样的感受吧。

3. 预期效果

成员受到小鹰不断勇敢地面对障碍，并且对向着蓝天飞翔充满信心的启发，感受到执行服刑改造计划并不可怕，应积极进取地发展自我。

展开

优势喷泉

1. 活动介绍

先让成员们围坐成一个圈,让一名成员坐到圆圈的中间,然后其他每一位成员轮流对处于中间位置的成员进行赞美,而且必须是有根有据,真诚地说出对方的优点。

示范指导语:大家经过了三次专题活动的相处之后,相信彼此之间更加熟悉、更加亲近了。下面是一个互相激励的小游戏,你们每个人都有机会坐在这个中间的位置,接受大家的赞美,真诚的赞美不仅仅能够让人愉悦,更能够让人增加自信心。但是大家必须认真地对待这个活动,赞美他人要有根有据,真诚地进行赞美。无论是外貌、性格还是一些你羡慕他的地方都可以。

2. 讨论分享

示范指导语:受到这么多人的赞美,心情如何?你知道自己有这么多值得称赞的地方吗?你现在觉得自己能够做好改造计划里面订立的目标吗?

3. 预期效果

成员从他人的赞美中提升自信心,增强发展自我、改造自我的动机。

自我控制小策略

1. 活动介绍

向所有成员介绍身体清洁行为以及回避行为的勾销过往效应,并且以此作为自我控制的小策略。

示范指导语:不知道大家会不会有时候感觉到难以平复自己的情绪?有没有曾经感到无聊沮丧,没有动力呢?在服刑前你会怎么处理这种不正常的自我状态?服刑期间你还能够仍然用以前的方式去应对异常状态下的自我吗?

在简陋的监狱中控制自我可以借鉴具身认知的观点,已有研究发现身体清洁,如洗手等,都能降低先前的情绪、感受对接下来要做的事情的影响。也就是说,如果某天你觉得改造努力不下去了,你可以尝试去洗手间,洗把脸,这个行为的作用是将你之前的负面情绪与感受隔离,这种可怕的、很容易蔓延的情绪能够随着流水而一笔勾销。还有一种方式可以帮助大家控制自己,那就是

将自己想要摆脱的心事一字一句地写下来，然后撕毁、丢弃这张写着心事的纸，象征着脱离了写下的烦心事。大家以后要是遇到了难以排遣的心事，可以尝试着运用这两种方法让自己过得好一点。

2. 讨论分享

示范指导语：听完这两种方法之后，大家会不会有一些疑问呢？或者你有没有曾经用过我刚刚说的方法，你的感受是什么？

3. 预期效果

成员之间互相分享提高自信心和控制力的方法。

结束

四、活动总结

本次走近"自我"系列团体辅导活动已经接近尾声了。回顾一下这四个专题活动，在专题一（学做"自我"的观察家）中，成员们通过自己与他人、现实与理想两种经典的比较，体验到自己对自我的认识是多么不充分，这就重新燃起了成员们对探索自我的热情，也达到了让成员们意识到认识自我的重要性的目的。而专题二（"自我"不是是非题）则是启发成员客观地看待自我，不以优缺点的标准衡量自身的特点，指出个体需要结合一定的情景，才能够判断某个特质对做某事是有好处的还是没有好处的，不要轻易地妄自菲薄，每个人都有自己独特的价值。到了重点专题三（"失败的经历"不等于"失败的我"），成员透过这个机会再次反思服刑对于自我来说带来怎样的影响，强调自我的稳定性，并且将失败的经历作为发展自我的契机。最后的专题四（管好自己，我能行），从感悟、实操等角度跟成员分享了提高自我效能感以及自我控制力的方法，增强执行改造计划的信心和能力。四个专题环环相扣，层次分明，逐步递进感染服刑人员，使其循序渐进地投入到对"自我"的思考当中，从所思所想所悟中重新审视自我，从所作所为中一步一步地走向发展自我的过程。

第五章　走向新生活

　　有一个叫阿巴格的人生活在草原上。有一次，年少的阿巴格和他的父亲在草原上迷了路，阿巴格又累又怕，到最后快要走不动了。阿巴格的父亲从兜里掏出五枚金币，把一枚金币埋在草地里，把其余四枚放在阿巴格的手掌心里，说道："人生有五枚金币，童年、少年、青年、中年、老年各有一枚，你现在才用了一枚，就是埋在草地里的那一枚，你不能把五枚都扔在草原里，你要一点点地用，每一次都用出不同来，这样才不枉人生一世。今天我们一定要走出草原，你将来也一定要走出草原。世界很大，人活着，就要多走些地方，多看看，不要让你的金币没有用就扔掉。"在父亲的鼓励下，那天阿巴格走出了草原。长大后，阿巴格离开了家乡，成了一名优秀的船长。

　　珍惜生命，不惧困难，对未来充满希望，才能走出挫折的沼泽地。

第一节　理论背景

一、临释人员心理特征

个体的心理特征会跟随角色的转换与环境的改变而有所不同。服刑人员作为特殊群体，进入监狱，失去人身自由，在严密封闭的监狱环境中，遵守着更为严格的规章制度。长期脱离社会、个体发展与完善、与家人的关系维护等问题都会给他们的心理带来不同的影响。有的犯罪人员表现出悔罪心理，认识到所犯罪行对他人、社会及自己的家庭造成了严重的伤害，从而感到内疚和懊悔。而长期置身于高墙电网的环境内，不少服刑人员更多地体验到焦虑、抑郁、绝望等情绪，其心理健康水平下降。

随着服刑时间的增加，服刑人员的心理也在不断发展变化。对于临释人员来说，其特殊、易感的心理特点使他们在回归社会的过程中将会伴有心理问题，轻则对社会适应不良，难以改善自己及家庭的生活，重则重新走上犯罪的道路。临释人员即将离开监狱环境，获得自由重返社会，这种新的变化会打破服刑人员的心理状态，呈现出较为特殊复杂的亢奋波动状态，与入监前期的失落、恐惧、焦虑和改造中期的相对平稳构成一个明显的"马鞍形"情绪曲线（缪文海，2010）。

（一）焦虑心理

焦虑是一种缺乏明显客观原因的内心的不安或无根据的恐惧，是个体预期即将面临不良处境的一种紧张情绪。焦虑是心理应激引起矛盾冲突所产生的主要心理状态。一方面，临释人员想要早日刑满释放，回归社会与家庭；另一方面，即将到来的生活又是未知的、不熟悉的。多年的服刑生活里，服刑人员每日过着严谨而规律的生活，不愁工作，不愁谋生计，而离开监狱获得自由的同时，也意味着一日三餐、衣食住行都需要自己来解决。这种矛盾的心理，很容易使临释人员产生忧虑、恐惧的情绪。

（二）紧张心理

紧张情绪是人体在精神方面对外界事物反应的加强。服刑人员渴望能够离开监狱与家人团聚，重塑亲情，重建朋友关系。但也可以看到，服刑人员在面对回归家庭与重建正常交友关系这一问题时，会表现出紧张。他们考虑的问题有：自己如何面对被伤害了的亲人，被破坏了的家庭关系；自己的回归是否符合亲人朋友的期望；自己犯了罪，与亲人朋友的情感联系是否还能恢复如初，亲朋好友是否还能真正地信任自己、原谅自己，等等。脱离了监狱环境，服刑人员将面临更为复杂的人际情感关系，要如何扮演好子女、伴侣、朋友这些角色对他们来说是一大挑战，也是他们紧张情绪的来源。

（三）自卑心理

自卑是个体通过与合理标准或其他刺激物比较有差异，而产生了评价差异，从而导致主观低落、难受的负面心理状态。部分服刑人员服刑时间较长，面对外面日新月异的社会变化与发展，心理上感觉难以适应，难以与社会发展同步，对未来的生活前途感到迷茫，觉得自己没有活路；一些服刑人员认为自己未能学到一技之长，找不到谋生的方法与途径，出狱后面临激烈的社会竞争，自己没有优势；服刑人员对于自己曾入狱服刑的经历感到担忧，害怕社会上他人的偏见与歧视，害怕遭遇大众的冷嘲热讽，害怕不光彩的过往会影响就业。由于种种心理纠缠，自卑感便开始滋长，认为自己低人一等，矮人三分，难以在社会上立足。

二、团辅构想

针对临释人员的这些心理特征，团体辅导方案的构想与设计主要针对缓解临释人员焦虑、紧张与自卑的心理，学会正确的宣泄方式，能够引导成员敞开心扉，倾诉自己内心深处的思虑与担忧，在团体交流中寻求解决的办法。

（一）心理健康教育

通过团辅活动，一是加强对服刑人员的心理健康教育，使他们认识到自己的不良心理表现，学习克服不良心理的方法；二是使服刑人员学会正确交流与沟通，消除与家人、亲友间的陌生感与情感隔阂，同时学会远避不良同伴，结交益友。

（二）认知观念转变

通过团体辅导，一是改变服刑人员过往的错误认知，让他们认识到生命的珍贵与价值，认识到自己与家庭的联结，认识到过往不良人际关系所带来的消极后果，认识到只要自己认真努力，就能找到适合自己的生存方式。二是通过改变其认知，调整服刑人员的行为及习惯。通过活动，引导服刑人员有意识地纠正、规避以往的不良行为习惯，增强毅力，培养持之以恒的精神，树立正确的人生观与价值观。

（三）心理调适方法

服刑人员在出狱前考虑最多的还是自己回归社会后的生活方式问题。要让服刑人员认清，我们的社会是法治的社会，不应心存侥幸而再次踏入同一片沼泽。同时也要让服刑人员认识到，他们对外界的未知与恐惧很大程度上是由于他们远离社会，缺少对社会的全面认识，而夸大了这份紧张恐惧。通过团体辅导，引导成员学会正面面对，不畏困难，不因此而感觉卑微，不会因感觉自己不如他人而"破罐子破摔"。要学会自我肯定，自我控制，提升自信心，增强适应社会的能力。

第二节　团辅方案

一、性质和目标

1. 团体性质

结构式、成长性团体。

2. 总体目标

引领成员体验生命的唯一性与有限性，发现生命的价值，从而促进成员树立积极的生命观。

3. 具体目标

（1）使成员意识到感恩的重要性，重拾与家庭成员的亲情，引领成员在刑满释放后更好地面对家庭与朋友。

（2）通过团队互动，发现自我的认知缺陷，提高成员自制能力，建立健康生活方式。

（3）引导成员明确自己的价值观，学会如何将职业价值观、兴趣、能力等结合起来，选择适合自己的工作，同时增强求职信念，提高自我效能感。

（4）激发成员展开对个人人生目标的思考，引导成员确立积极向上、鼓舞人心的人生奋斗目标。

二、成员和时间

1. 团辅对象

针对刑期在两个月以上、一年以内的服刑人员。服刑人员具有相当于初中以上文化程度，可以适度放宽，如服刑人员文化程度不高但悟性较高等，可以受到其他成员的带动。所有成员均身体健康，没有不适合参与团辅活动的疾病。

2. 甄选成员

将团辅活动的目的与内容告知刑期在两个月以上、一年以内的服刑人员后，服刑人员自愿参与。针对有意愿参加团体辅导活动的服刑人员，再进行谈话、问卷调查，结合团队的地域结构、家庭组成结构、文化程度结构、年龄结构等进行筛选，并征求所在单位意见及活动场地限定，确认团体成员的人选及人数。

3. 团辅时间及次数

活动共分为五个专题，每个专题120分钟，在"5＋1＋1"模式下课堂教育日的14：00—16：00。

三、走向新生活团辅流程表

专题	专题目标	专题活动	活动素材
生命教育	1. 感悟生命的有限性、唯一性 2. 尊重与珍惜自己与他人生命的价值 3. 树立积极健康的生命观，将个人生命价值投入到为社会创造价值中去	1. 团体契约宣誓 2. "我是"和"我喜欢" 3. 我的生命线 4. 我的墓志铭 5. 生命的财富	团体契约模板、"我的生命线"表格、"我的墓志铭"表格、A4纸、签字笔、音响设备及背景音乐
感恩	1. 学会珍惜现在拥有的，重拾与家庭成员的亲情 2. 理解感恩，学习并实践感恩	1. 天气预报 2. 情景剧《公交车上》 3. 我们与家庭的联结 4. 为你写信 5. 故事《把石头垫在脚下》	椅子、A4纸、双面胶、记号笔、签字笔、音响设备及背景音乐
拒绝诱惑	1. 学会远避不良同伴 2. 学会如何应对导致再次犯罪的高危情境 3. 建立健康生活方式	1. 心灵相通 2. 盲人过路 3. 抢钻石 4. 人椅 5. 抉择	A4纸、签字笔、眼罩、抽签盒、卡片、线团、椅子、气球、扫把、纸团、秒表、音响设备及背景音乐
生涯规划	1. 体验预期可能会经受的求职挫折与打击，提高心理承受能力 2. 提高求职自我效能感，培养自信 3. 掌握求职技巧，保持良好心态	1. 醉后一投 2. SWOT分析 3. 家庭职业树 4. 职业价值观拍卖会 5. 短片《永不放弃》	胶带、垃圾篓、乒乓球、秒表、SWOT分析表、家庭职业树图、职业价值观拍卖表、签字笔、道具纸币、音响设备、投影设备及背景音乐

（续上表）

专题	专题目标	专题活动	活动素材
我的未来我做主	1. 总结前几个专题的内容 2. 引导成员对未来生活形成合理期待，树立积极、振奋的人生目标	1. 掌声响起来 2. 戴高帽 3. 目光炯炯 4. 热座 5. 情景剧《五年后的我》 6. 我们	秒表、A4 纸、双面胶、签字笔、便利贴、信封、音响设备及音乐

第三节　生命教育

一、活动概要

　　生命短暂，却又充满意义，我们没有理由不珍惜生命，不尊重生命的价值。生命是希望的载体，指导服刑人员认识生命、感受生命、尊重生命、珍爱生命，提升对生命价值的认识，使服刑人员深刻意识到生命内涵的丰富性与其承载的责任，引导其确立正确的生活态度，追求人生的价值。

二、活动流程

进程	活动目标	活动内容	时间	活动素材
导入	1. 明确"走向新生活"这一主题的意义以及参加的目的 2. 讨论并通过团体契约，并宣誓遵守契约	1. 带领服刑人员明确主题目标，认识专题内容 2. 团体契约宣誓	15分钟	团体契约模板

（续上表）

进程	活动目标	活动内容	时间	活动素材
热身	活跃现场气氛，促进新团体互动	"我是"和"我喜欢"	15 分钟	
展开	1. 回顾自己的生命历程，重新审视成长点滴 2. 吸收过往的经验教训并学会放下过去，直面未来	我的生命线	25 分钟	"我的生命线"表格，签字笔，音响设备及背景音乐
	通过感受生命的脆弱与短暂，思考生命的意义	我的墓志铭	25 分钟	"我的墓志铭"表格，签字笔，音响设备及背景音乐
	体验生命的可贵，珍惜自己所拥有的"生命财富"	生命的财富	25 分钟	A4 纸，签字笔
结束		1. 作业 2. 活动总结	15 分钟	音响设备及背景音乐

三、活动内容

导入

领导者向成员问好，与成员进行简单的互动，营造轻松欢乐的气氛，增强领导者与成员之间的相互信任与配合。带领成员明确主题目标，认识专题内容。制定团体活动的纪律，带领成员宣誓活动的保密原则，并进行团体契约宣誓（契约范例见附录一）。

热身

"我是"和"我喜欢"

1. 活动介绍

随机从某一人开始进行 1~4 报数，报到相同数字的人为一组，共分为四组。然后引导成员以小组为单位围成一个圆圈。小组内互相告知自己的出生年月日，然后从年纪最长的人开始，顺时针轮换。每个成员按照"我是某某"，"我喜欢

(什么人，什么事，或什么东西)"的模式介绍自己，并且讲出喜欢的原因。

2. 讨论分享

在这样的介绍当中，成员会感受到谁的自我介绍给人留下的印象更为深刻，从而反思自己的自我介绍是否有同样的效果，思考用何种方式更有利于让别人记住自己。同时在互动的介绍中，可以为刚形成的团体营造一种轻松、安全的氛围，有助于打开成员的心扉，让他们更快融入团体当中。

展开

我的生命线

1. 活动介绍

在温和的背景音乐中，向成员们分发"我的生命线"表格，让成员根据表格的介绍与提示思考并填写。

填写完之后让成员们互相讲述自己填写的内容。并不一定要将表格内的所有内容都讲出来，可以选择性地与成员倾诉交流。

我的生命线

0 岁

　　找出今天的你的位置：在生命线上标注今天的你的位置，写上你的年龄与今天的日期。

　　预测自己的死亡年龄：在生命线上标注预测死亡的位置，写上年龄（根据本人的健康状况、家族的健康状况及生活地域的平均寿命来进行预测）。

　　思考过去的我与未来的我：

　　列出过去曾影响你最大或令你最难忘的三件事；列出三个未来你最想做的事或最想实现的目标。

过去	未来
(1) _____	(1) _____
(2) _____	(2) _____
(3) _____	(3) _____

2. 讨论分享

在"我的生命线"活动中，让成员回顾自己的成长历程，学会吸收过去的经验教训，也学会与过去和解，放下过去，面对未来。在成员间的相互交流中，能够看到他人的成长路线，通过他人的讲述感受每个生命的不同却同样珍贵。另外，在互相的讲述中成员可以学会劝解他人，学会相互接纳。

我的墓志铭

1. 活动介绍

在温和的背景音乐中，向成员们分发"我的墓志铭"表格。简要介绍墓志铭是什么。在一般生活里我们通常不会去思考写墓志铭的事，但可能到我们生命即将结束的时候，回顾我们的一生，我们可能会希望有一个注脚。引导成员认真思考这个问题，并为自己模拟撰写一份墓志铭。

在撰写墓志铭时，引导成员思考两大主题，一是"我的一生将会是如何度过的？我应该做哪些事，哪些事是我生命尽头时可能完成得了的，哪些事是我可能没办法完成的"；二是"我已经快要死了，但我还有许多事情没有做，如果我可以再次拥有生命，我希望我能做什么"。

领导者要引导成员思考为何我们很多时候总是要到生命的终点才想起有这么多的心愿，我们要如何不留遗憾地面对死亡呢？另外让成员感受到，当我们写墓志铭的时候，很多以往让我们痛恨、难过的事情我们都似乎忘记了，我们好像变得更为平静与宽容，这是因为当我们回顾一生时，我们往往想起的是更为重要的事情：我们的梦想，我们的亲人与爱人，等等。因此我们一生中最为重要的事，是我们的爱与希望。

完成墓志铭的撰写后与成员相互交流。

我的墓志铭

你即将离世了，现在你要替自己撰写墓志铭，反映自己的一生。墓志铭将会刻在墓碑上，供人凭吊。

墓志铭除了生年、卒年外，还要包括以下几点：

我是一个怎样的人。

我的一生是如何度过的：我在不同年纪时的成就，我对社会、家庭或其他人的贡献，我做过的让自己满意的事。

我的遗憾：我还没有做哪些事。

如果我能重新拥有生命，我会做哪些事。

2. 讨论分享

在撰写墓志铭的过程中，成员会重新完整地审视自己的经历、自己的内心与愿望，意识到自己内心想要成为什么样的人、想要做成什么样的事。反观现实，自己希望的事和希望的自己与现实有什么差距，如何填补这个差距？另外人们倾向于盲目乐观，很少思考死亡这个严肃的话题，引导成员思考死亡这一不可回避的客观问题时，能够促进成员思考生命的意义，思考生命中更重要的、更在乎的事情是什么。思考死亡，认识生命的脆弱与短暂，才能更认真地对待生命，尊敬生命。

生命的财富

1. 活动介绍

让成员们在 A4 纸上写下自己的生命财富，如好的性格、优秀的品质、特长与爱好、身体器官、知识与技能、亲人、朋友等，并且对每项生命财富进行估价。成员间相互交流自己的生命财富，并且可以买卖生命财富。同意对方出价而卖出的生命财富，用笔记下卖出的钱数。将多少钱都不卖的生命财富定义为无价之宝。

10 分钟后买卖结束，成员相互交流自己卖出了什么，没卖什么，为什么卖出或不卖某些生命财富。另外数数自己有多少无价之宝，为什么把这些视为无价之宝，大家定义的无价之宝是不是有什么共同之处？最后讨论并分享在以后的人生中，要怎么经营我们不愿意卖掉的人生财富。

2. 讨论分享

生命的财富不仅仅在于外在的物质财富，更多的是我们所拥有的，只属于我们的珍贵的人、事、物。在对生命财富的列举、估价与买卖中，成员更能深刻认识到自己所拥有的、珍视的东西，化解心中的不满与执念，学会珍惜当前所拥有的财富，并在未来好好地经营，认真地生活。

结束

作业：通过今天的活动你有什么感悟、有什么收获？

四、活动总结

在歌曲《生命的意义》中，所有成员随机手牵手、面对面地围成一个圆，跟着音乐随意左右摇摆。领导者总结本次专题的内容与成员的表现，引导成员互相微笑、鼓励。

第四节 感恩

一、活动概要

感恩，是一种情感，它是对他人给予帮助的一种回馈心理，是一个人所需要拥有的品质，是一个人综合素质的体现。感恩，也是一种处世的哲学，一个智慧的人，不应该执念于自己所没有的东西，也不应该放任自己的私欲膨胀，一味向他人、社会索取。指导服刑人员充分体验什么是"恩"，学会为自己所拥有的而感恩，感谢生活的给予，感谢他人对自己的付出。帮助服刑人员正确思考自己和他人的行为，纠正一些不良的信念和行为模式，并且引导他们从学会感恩到实践感恩。

二、活动流程

进程	活动目标	活动内容	时间	活动素材
导入	引入本次专题	领导者开场	5分钟	音响设备及背景音乐
热身	引导成员迅速融入	天气预报	10分钟	
展开	唤醒感恩意识	情景剧《公交车上》	25分钟	椅子
	1. 学会理解家庭成员，重拾与家庭成员的亲情 2. 消除成员临释前对处理家庭成员关系时的担心或恐惧	我们与家庭的联结	30分钟	A4纸，双面胶，记号笔，音响设备及背景音乐

（续上表）

进程	活动目标	活动内容	时间	活动素材
展开	行动感恩	为你写信	25 分钟	A4 纸，签字笔
	学会正确归因，激发改造希望	故事《把石头垫在脚下》	15 分钟	
结束		1. 作业 2. 活动总结	10 分钟	

三、活动内容

导入

领导者引入专题。

热身

天气预报

1. 活动介绍

所有成员围成一圈侧坐，右肩朝向圆心，相互距离 10 厘米左右。成员听领导者口令做相应的动作，如领导者说"大雨"，则成员用拳头捶打前面人的背部；领导者说"小雨"，则成员改为用双手轻拍前面人的背部；领导者说"天晴"，则成员用两手揉捏前面人的肩膀。

2. 讨论分享

成员在活动中可以相互提醒动作是否做对，分享活动前后情绪的变化。

展开

情景剧《公交车上》

1. 活动介绍

将活动场地内的椅子摆放成公交车内的样子，领导者向成员讲解活动规则及角色要求。邀请一位成员自愿扮演司机，两位成员扮演一对父子，其他成员扮演乘客。

情景剧如下：公交车在站台停下，一对父子上了车，此时车厢内只有一个空位。父亲对儿子说："儿子，这里有一个空位，你坐。"儿子走过去毫不犹豫地坐下，掏出手机开始玩儿。父亲走到儿子身边，一只手拎着一个很重的书包，另一只手拉着车内的吊环。公交车开得很不平稳，父亲在车厢里一晃一晃。父子间没有其他的对话，儿子没有看父亲，没有让座也没有帮父亲提包。

情景剧结束后邀请成员对此情景发表感想，邀请扮演父子的成员分享他们的感受。请成员思考自己是否做过类似（不知感恩）的事情，讨论在现实生活中看到这样的情景，自己是什么感受，会怎么做。

2. 讨论分享

通过生活场景的演绎让成员更好地察觉到，很多时候我们对生活中他人的点滴帮助会视而不见，甚至认为理所应当。领导者可以鼓励成员充分发挥想象，结合自己的生活经验进行情景的表演与表达。

我们与家庭的联结

1. 活动介绍

以某一成员开始进行 1～4 报数，报出相同数字的人分为一组。以小组为单位组成一个"家庭"。每个"家庭"选出父亲、母亲、大姐、大哥，其他成员的家庭角色可自由决定，辈分不大于父母兄姐。之后成员讨论并决定给自己的家庭起一个积极的名字，如"幸福一家人"等。将家庭名字、自己的家庭成员身份及姓名写在 A4 纸上，贴在胸前。

在《相亲相爱一家人》的音乐中，家庭成员围成一个圈，相互用家族成员的身份称呼对方，说一句暖心的话。

以家庭为单位排成纵队，父母兄姐站在前排，家庭成员间前后相隔一臂距离。领导者喊一时，向右转；喊二时，向左转；喊三时，向后转；喊四时，蹲下；喊五时，平举双臂。当有人做错时，做错的人要走出队伍、站到家庭成员面前先鞠一躬，然后大声说："对不起，我错了！"若有做错而不出列认错的算一次违规。

针对各家庭出现的违规情况，领导者在其父母兄姐身上贴上红色叉，并罚他们做十个青蛙跳。在下轮游戏中，如能遵守游戏规则，便取下红色叉。

在惩罚过程中，如有成员不执行惩罚，领导者要"严厉"要求其继续；如成员表示要代替父母兄姐接受惩罚，领导者要予以拒绝，并加强语气用引导语引发成员反省由于自己的过错给亲人造成的伤害，激发成员的愧疚感与责任感。

惩罚结束，以家庭为单位，大家互相拥抱。

2. 讨论分享

让成员在整个过程中感受到自己与家庭的联结，自己的过错对家庭造成的伤害。同时家庭也会是他们的支持与后盾。引导成员明白，他们与家庭的联结不会断开，只要他们诚恳地承认错误，知错能改就能取得进步。要让成员明白，亲人为自己的付出也不是理所应当的，要学会对这一切抱着感恩的心态，承担家庭的责任，回报亲人的付出，回应亲人的期待。

3. 注意事项

在惩罚过程中，领导者可以抓准时机鼓励成员将内心想要和自己的父母、伴侣、子女等亲人说的话都说出来，表达自己的歉疚，向自己的亲人忏悔。

为你写信

1. 活动介绍

让成员们在二十分钟内，在纸上完成一封信。这封信可以是写给父母的，也可以是写给伴侣、儿女的，或者任何一个家庭成员。

信的内容没有要求，可以是向对方传达的情感，可以是自己现在的生活，可以是某件事，也可以写对对方的看法与建议。

2. 讨论分享

服刑人员内心渴望早日与亲人团聚，但临释人员也面临着回去以后不知如何面对亲人的矛盾感情。在上一活动中，让成员感受自己与家庭的联结，表达对家庭的忏悔。在这一活动中，则让他们将自己的所思所感都写下来，更深刻地剖析自己和家庭的关系，思考自己回去后如何面对亲人，如何与他们相处，思考自己回去之后应该怎么做，承担怎样的责任。

故事《把石头垫在脚下》

1. 活动介绍

故事：某监狱里有一名重刑犯，他游手好闲，嗜酒如命且毒瘾很大。他有两个儿子，年龄相差两岁。大儿子和父亲一样，后因杀人锒铛入狱。小儿子却不一样，他正直诚实、刻苦好学。大学毕业后谋到了一份好工作，事业有成，有一个幸福的家庭。在一个完全相同的家庭里，为何两个儿子有完全不同的命运？为了弄清其中的缘由，一记者前去采访。没料到兄弟两人的答案竟然完全一样："有这样的父亲，我们还有什么办法呢？"

邀请成员对该故事进行思考与讨论，分享自己的观点。

2. 讨论分享

引导成员进行正确的归因，比如同一块土地，既长稻谷也长稗子，是成为稻谷还是成为稗子，关键还是在于自己。这就像我们面对一块石头，你若把它背在背上，它就会成为一种负担；你若把它垫在脚下，它就会成为你进步的台阶。

结束

（1）大家面对面围成一个圈，同唱《感恩的心》。

（2）作业：今天的活动中哪几项让你感受最深，哪些成员的分享对你启发较大？今天你在哪个活动中投入最多，全身心投入的感觉是怎样的？

四、活动总结

领导者进行专题总结。

第五节　拒绝诱惑

一、活动概要

当今社会，我们时时刻刻面临着各种诱惑。它像恶魔，使人一不小心就掉入生活的深渊之中。不管是物质的诱惑，还是精神的诱惑，都很有可能使人不顾廉耻，铤而走险，走上犯罪的道路，最后锒铛入狱。服刑人员就是踏错了这么一步，踏入囹圄。刑释人员在回归社会后，也将面临各种诱惑。要指导他们认识诱惑，学会提高自己的控制能力，学会拒绝诱惑，向诱惑说"不"。

二、活动流程

进程	活动目标	活动内容	时间	活动素材
导入	引入本次专题	领导者开场	5分钟	音响设备及背景音乐
热身	活跃气氛	心灵相通	10分钟	A4纸，签字笔
展开	1. 认识到不良伙伴所带来的消极影响 2. 体会走在错误的道路上是多么艰难、痛苦	盲人过路	30分钟	眼罩，抽签盒，卡片，线团，椅子，气球，扫把
	1. 学会在得失之间取得心态的平衡 2. 提高延迟满足能力	抢钻石	15分钟	纸团
	认识到坚持的意义与力量，明白做事情需要一定的毅力，要持之以恒	人椅	25分钟	秒表
	1. 增强自我抉择的能力 2. 学会权衡一时的利益与自己内心更珍贵的事物	抉择	25分钟	音响设备及背景音乐，A4纸，签字笔
结束		1. 作业 2. 活动总结	10分钟	

三、活动内容

导入

领导者引入专题。

热身

心灵相通

1. 活动介绍

所有成员随机分成四组，每一组讨论并提供三个 2～3 字的常见词语。领导者将词语收集后写在纸上，每个词都重复地写在三张纸上。以小组为单位排成纵队，全部背对领导者。领导者拍击小组的第一个人，第一个人转身，然后领导者向小组的第一个人呈现词语，第一个人记住词语之后转身拍击小组的第二个人，令其转身向其传达词语的意思。成员只能通过动作将词语的意思传达给下一个人，这样一个传一个，小组最后一个人需要猜出这个词语是什么。领导者不需给小组呈现该组提供的词语。

2. 注意事项

在活动中，成员可以互相监督哪个小组没有按规则行事。

展开

盲人过路

1. 活动介绍

每组派出两名成员参与活动。派出的成员两两结成一对，决定谁扮演盲人，谁扮演盲人的朋友。然后成员进行抽签，其中两组抽到画有五角星的卡片，两组抽到画有三角形的卡片。领导人私下告知所有扮演盲人的朋友的成员，抽到五角星卡片的成员要正确带领盲人走过接下来的路障，而抽到三角形卡片的成员则要故意让盲人走错。

分组及抽签结束后，领导者告知盲人戴上眼罩，由他的朋友带到一旁。其余成员用线团、椅子、气球、扫把等制作路障。路障完成后，盲人的朋友带领盲人过路障。抽到五角星卡片的朋友会正确地带领盲人成功避开路障，而抽到三角形卡片的朋友则会故意让盲人走错。四组走完后，游戏结束。

2. 讨论分享

扮演盲人的成员分享自己在"看不见"时的心理体验，朋友领路时自己的情感与心理。然后其他成员一起讨论并分享自己在旁观看的感受，思考好的同伴与不良同伴所带来的不同结果与心理感受。

3. 注意事项

活动过程中注意安全，即使引导的是错误的路线，盲人的朋友也要时刻注意盲人的安全。在每组间隙可以让其他成员更换路障的布置。

通过两种带路的对比，引导成员思考自己身边有没有这样不良的同伴，他们是否会给自己带来消极的结果与不良的心理体验。领导者同时可以鼓励成员分享这样的经验，并讨论如何应对这些情况。

抢钻石

1. 活动介绍

给每组成员编号，各组以相互间一臂距离围成一圈，在圈内画一个圆代表这是各组的"宝库"，然后将 10～15 个纸团放进"宝库"中。领导者告诉成员，这些纸团代表的是钻石，是每个组的宝藏。活动一开始，领导者喊开始，编号为 1 的成员立即到别的组抢"钻石"，然后把抢到的钻石放进自己组内的"宝库"中，规定每人一次只能抢一个。其他成员可在一旁观看，可以帮自己组的成员加油，但不能去抢其他组的"钻石"，不能保护自己组的"宝库"，也不能帮自己组的成员交接"钻石"。30 秒后领导者喊停，这时候所有成员停止动作，回归自己的组。此时大家一起算算每个组还有多少"钻石"，抢到了多少。之后，领导者再喊开始，此时编号为 2 的成员开始去抢"钻石"，以此循环，直到所有成员都抢过之后再计算每个组的成果。

2. 讨论分享

成员讨论并分享活动中自己的心理过程，去抢其他组"钻石"时是什么感受，看着落到自己组的"钻石"马上又被抢走时又是什么感受。

3. 注意事项

活动中注意各组安全，提醒成员不要太过于激动，要时刻注意遵守规则。"抢钻石"这个游戏可以让成员体验得与失的心情，在交流中坦诚自己的情感体验。领导者可以引导成员在交流中探讨自己要如何在得与失之间取得内心的平衡，学习如何去调整心态。

人椅

1. 活动介绍

让全体成员围成一圈，每位成员将双手放在前面一位成员的肩膀上面。领导者指挥全体成员保持双手放在前面一位成员肩膀的姿势，缓缓地坐在身后成员的大腿上。确认成员都坐下后，领导者让其保持这个姿势，并让成员喊出口号，如"齐心协力""坚持就是胜利"等，来让成员相互鼓励，保持人椅姿势8~10分钟。

2. 讨论分享

游戏结束后领导者让成员相互分享在游戏过程中自己精神状态的变化；当自己坚持不下去的时候是如何调整的；喊口号时自己的内心是怎么想的，行动上是如何表现的；反思自己是否有依赖思想，认为自己一个人的松懈并不会造成多大的影响等。

3. 注意事项

在这个游戏中，不管是坐在他人的大腿上还是被他人坐在大腿上都不是很好受，彼此之间要有配合，也要相互容忍，最重要的是大家内心抱着同一个目标，共同坚持到最后。活动中要注意成员的安全，可能游戏并不会一次成功，这时候领导者要鼓励成员尝试、坚持，比如告诉成员他们已经坚持了多长时间，胜利就在眼前等以鼓舞成员们的士气。通过该游戏，领导者要让成员们意识到坚持的重要性，让他们意识到在以后的生活中，遇到困难与挫折，遇到生活中的诱惑，应该要继续坚定自己的目标，始终坚持下去，不受诱惑，不被艰难困苦打败。

抉择

1. 活动介绍

播放舒缓婉转的轻音乐，然后将 A4 纸和签字笔发给成员。让成员们围坐成一个圈，并告知现在成员们之间不能交头接耳，要全神贯注地看着自己眼前的纸张。让成员在纸上认真地写下自己的名字，然后让他们写下自己生命中最重要的五样东西。领导者引导成员们跟着自己的直觉走，想到什么就写什么，写满五个就可以停下来，然后看着白纸上自己写下的五样自己生命中最重要的东西，好好感受。

等所有成员都写完后，领导者引领成员细心体察这五样东西给自己带来的感受，让成员们了解，这五样东西是每一位成员生命中最珍贵的、最重要的，是成员们生命中的温暖、希望、欢乐、幸福，所有生命中美好的事情都与这五样东西相连，承载着成员们生命的重量与爱，是成员们活在这世上的牵绊与全部理由。

　　然后告诉成员，由于一场可怕的自然灾害，他们难以保全这生命中的五样最重要的东西。成员们必须舍弃这五样中的其中一样，并且用签字笔将这一样划去，要狠狠地划掉，划到自己一点都看不到那样东西为止。等成员们都划完之后，领导者继续告知，由于生活的重压他们必须放弃剩下四样中的其中一样，也要像上次一样继续划掉。完成后领导者继续用沉重的语气告知成员，由于命运不公，这次他们遇到十分沉重的打击与挫折，又一次不得不舍弃剩下三样中的一样。最后领导者与成员们说，由于成员们犯了错，他们必须亲手再次划去一样自己生命中重要的东西。

　　这时五样东西只剩下一样，领导者引导成员看着这最后剩下来的最珍贵、最重要的东西，回忆之前划掉的四样，并且仔细回顾整个过程，看看自己都做出了什么样的抉择。

　　2. 讨论分享

　　以小组为单位围成一个圈，成员们各自分享整个决策的过程。包括自己都写下了哪些重要的东西，内心是如何排序的；当面临放弃重要事物时自己的心情又是怎样的；面对使自己不得不放弃重要事物的不同原因，自己又是怎么想的；在这个活动中，自己有什么感想，对未来有没有什么启示。

　　3. 注意事项

　　抉择是一件痛苦的事情，却又是每个人都不得不面对的事情。在活动过程中，领导者要不断运用语言的技巧，引导成员做出抉择。在小组讨论中，不仅指导成员在体会抉择过程中回顾自己已经走过的人生历程，更要指导成员从中思考，当以后遇到生命中的挫折，或者再次犯罪的高危情境时，要想到这次的抉择，回忆自己拥有的东西，学会珍惜。

结束

　　（1）作业：让成员回忆今天的活动有哪些内容，通过今天的活动成员有了哪些收获与感悟。

　　（2）背景音乐播放《阳光总在风雨后》，并请成员大声朗诵副歌部分歌词："阳光总在风雨后，乌云上有晴空，珍惜所有的感动，每一份希望在你手中，阳光总在风雨后，请相信有彩虹，风风雨雨都接受，我一直会在你的左右。"

四、活动总结

　　领导者进行专题总结。

第六节　生涯规划

一、活动概要

　　生涯规划，指的是个人结合自身情况及眼前的制约因素，为自己实现职业目标而确定行动方向、行动时间和行动方案（许玫、张生妹、张谊，2006）。职业生涯规划的目的在于使人找到适合自己的工作。每个人都有优点和缺点，有长处也有短处，因此每个人所适合的工作也不尽相同。要先弄清楚自己想要干什么、可以干什么，弄明白自己的才能与兴趣。

　　对于临释人员来说，他们的职业生涯具有特殊性。比起对市场状况、就业前景、就业政策等的考虑，对临释人员来说，更重要的是对其心理困惑的疏导与干预。帮助临释人员调整、摆正心态，使其能直面自己的过去，树立正确的就业观念，这对于他们来说更为重要。

二、活动流程

进程	活动目标	活动内容	时间	活动素材
导入	引入本次专题	领导者开场	5分钟	音响设备及背景音乐
热身	营造轻松、欢快的气氛	醉后一投	15分钟	胶带，垃圾篓，乒乓球，秒表

（续上表）

进程	活动目标	活动内容	时间	活动素材
展开	1. 探索自己的人格特性 2. 对求职的个人内部因素有一个正确的定位 3. 对求职的外部因素进行分析	SWOT 分析	25 分钟	SWOT 分析表，签字笔
	1. 了解家庭成员的职业及发展 2. 探索在职业生涯规划中自己的期望	家庭职业树	25 分钟	家庭职业树图
	1. 分享自己的职业价值观 2. 更好地了解自我，了解价值观对职业选择的影响	职业价值观拍卖会	25 分钟	职业价值观拍卖表，签字笔，道具纸币
	1. 提高职业自我效能 2. 直面过去，相信自己	短片《永不放弃》	15 分钟	音响设备及投影设备
结束		1. 作业 2. 活动总结	10 分钟	

三、活动内容

导入

领导者引入专题。

热身

醉后一投

1. 活动介绍

所有成员随机分成四组，排成纵队。用胶带在每组最前面贴一条起始线。每组队列前面各放一个垃圾篓，垃圾篓距离胶带两米。领导者喊开始，队列中的第一位成员原地旋转十圈，然后将手中的乒乓球扔入垃圾篓中，扔不进者要捡回来继续扔，直到扔进为止。扔进者将乒乓球从垃圾篓内捡回，传给下一个人，下一个人继续原地旋转十圈然后扔乒乓球。如此反复，直到最后一个人投中为止。此时领导者告知各队完成情况及所用时间。

2. 讨论分享

在活动中鼓励成员为自己的组员加油助威，大喊他的名字等。

展开

SWOT 分析

1. 活动介绍

所有成员坐下来休息一下，领导者给成员讲解什么是 SWOT 分析。S 指的是自己就业时的优势，W 指的是自己的劣势，O 指的是外部所能提供的机会，而 T 指的是外部对自己就业可能存在的一些威胁。

所有成员明白之后，给成员发下 SWOT 分析表，让他们仔细地、切合实际地去思考，然后填在表格中。十分钟后鼓励成员在组内分享自己所写下的内容。

SWOT 分析表

Strength 我的优势	Weaken 我的劣势
Opportunity 外部机遇	Threat 外部威胁

2. 讨论分享

讨论如何利用自己的优势，规避劣势，如何抓住机会，又如何应对威胁。

3. 注意事项

在相互的沟通交流中，引导成员互相鼓励，共同打气，同时重要的是探讨如何能够在今后的生活中，重新找到合适自己的工作，思考自己能做什么，有什么样的资源与机会可以利用，而面对存在的威胁时，要如何调整心态，直面威胁。

领导者可以引导成员回忆上一次团辅的内容，总结在上次团辅中的感悟，如何把上次团辅中学到的东西应用在开展职业生涯上。

家庭职业树

1. 活动介绍

领导者给成员分发家庭职业树图，同时向成员讲解什么是家庭职业树，讲解中成员可以自由提问。所有成员理解后，请成员填写家庭职业树图（如图1）。

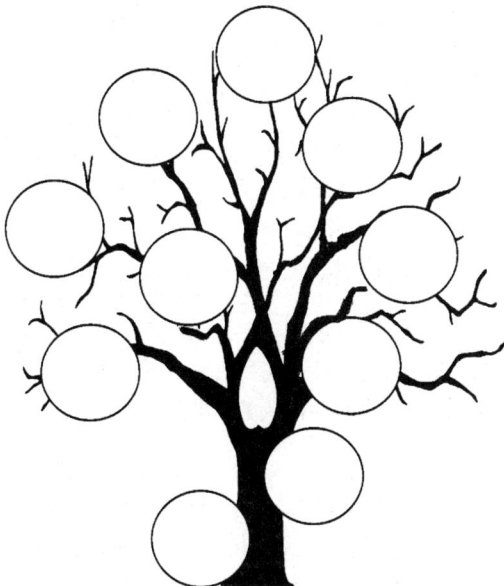

图1　家庭职业树图

2. 讨论分析

填写完成后，领导者先引领成员大胆介绍自己家庭职业树的特点，请成员分享自己对自己家庭的职业分布有何感想。之后请成员谈谈家庭对他的整个生涯有什么期待。最后请成员思考并分享自己理想的未来。

3. 注意事项

活动中鼓励成员大胆和自由地发言与分享。领导者要注意提示成员不对他人的家庭职业做负面评价，引导成员正确地、积极地面对所有行业，帮助他们树立正确的职业观、工作观。

职业价值观拍卖会

1. 活动介绍

播放舒缓的开场音乐，领导者欢迎各位成员来到职业价值观拍卖会，并给每位成员发放职业价值观拍卖表与面额为五万元的道具纸币二十张。表格内共有十三种职业价值观，领导者告知成员，现在每位成员都有一百万元。领导者先请成员为每种价值观估价，估价是自由估价，因此估价的总量可以超过一百万元。

等所有成员估完价后，领导者告知成员拍卖会的规则：每一种职业价值观的底价为五万元，每次加价以五万元为单位，道具纸币用完则不能再加价，当领导者喊了三次"还有没有人要加价"后无人应答，则由出最高价者拍卖成功。领导者向成员表达希望他们都能尽力去争取自己想要的职业价值观。

职业价值观拍卖表

价值观类型	估价	拍卖价
收入与财富：工作能够明显有效地改变自己的财务状况，将薪酬作为选择工作的重要依据。工作的目的或动力主要来源于对收入和财富的追求		
兴趣特长：以自己的兴趣和特长作为选择职业最重要的因素，择我所爱、爱我所选，可以从工作中得到乐趣、得到成就感。在很多时候，会拒绝做自己不喜欢、不擅长的工作		
权力地位：有较高的权力欲望，希望能够影响或控制他人，使他人照着自己的意思去行动；认为有较高的权力地位会受到他人尊重，从中可以得到较强的成就感和满足感		
自由独立：在工作中能有弹性，不想受太多的约束，可以充分掌握自己的时间和行动，自由度高，不想与太多人发生工作关系，既不想治人也不想治于人		
自我成长：工作能够给予受培训和锻炼的机会，使自己的经验与阅历能够在一定时间内得以丰富和提高		
自我实现：工作能够提供平台和机会，使自己的专业和能力得以全面运用和施展，实现自身价值		

（续上表）

价值观类型	估价	拍卖价
人际关系：将工作单位的人际关系看得非常重要，渴望能够在一个和谐、友好甚至被关爱的环境工作		
身心健康：工作能够免于危险、过度劳累，免于焦虑、紧张和恐惧，使自己的身心健康不受影响		
环境舒适：工作环境舒适宜人		
工作稳定：工作相对稳定，不必担心经常出现裁员和辞退现象，免于经常奔波找工作		
社会需要：能够根据组织和社会的需要响应某一号召，为集体和社会做出贡献		
追求新意：希望工作的内容经常变换，使工作和生活显得丰富多彩，不单调枯燥		

2. 讨论分享

拍卖结束后，成员组内互相分享自己的拍卖成果。例如，是否买到了自己认为最重要的价值观；买到或没买到该价值观时自己是什么心情；所买到的价值观是自己真心想要的吗；如果不是那是什么原因将其拍下；自己最想买的价值观为什么对自己而言非常重要等。

3. 注意事项

通过给价值观估价、拍卖等动作，引导成员进行深入的自我分析，明确自己的职业价值观。活动中领导者注意把控气氛，营造真实感的同时让成员注意遵守规则，文明拍卖。讨论环节中领导者引领成员思考重视的价值观其背后隐含的意义是什么，对自己来说又意味着什么，如何把自己的理想工作与自己的职业价值观联系在一起，与内外部因素联系在一起，从而找到自己的职业生涯之路，找到适合自己的工作。

短片《永不放弃》

1. 活动介绍

播放励志短片《永不放弃》，该短片讲述了橄榄球球员在自己教练的鼓励下，不断坚持，突破自我，从而发掘了自身潜力的故事。

2. 讨论分享

观看完视频后，成员相互讨论，并站出来分享自己的感悟。

3. 领导总结

对于一个人的成功来说，目标很重要，梦想很重要，自信很重要，不断发掘自己的潜能也很重要。领导者在讨论环节要引导成员面对自己，树立自信，对未来保持着积极的、乐观的态度。在以后的求职及生活中遇到困难与挫折时，也不能丧失自信与毅力，要克服畏难情绪，学会自己充当自己的教练，给自己鼓劲打气。人的潜能是无穷的，重要的是要去挖掘它。

结束

作业：通过今天的活动，成员对以后的就业问题有什么新的认识与感悟，有没有给自己定一个目标？

四、活动总结

领导者进行专题总结。

第七节　我的未来我做主

一、活动概要

监狱是国家的刑罚执行机关，其目的是通过惩罚和改造相结合、教育和劳动相结合的原则，将罪犯改造成为合格的、守法的社会公民。对临释人员来讲，回归社会是离开监狱的开始，也是最终的目的。回归社会不仅仅代表着离开监狱，而是指真正地适应社会，重新找到自己在社会中的价值。

面对刑满释放、重获自由的生活，一方面，临释人员会表现出期待、激动的心情；另一方面，他们又担心自己将不被社会所接纳，安全的需要没有办法得到满足。同时，曾锒铛入狱、服刑改造的经历也会让他们遭受到歧视，想要被尊重的需求也较难满足。要引导服刑人员面对自己，认识自己，克服恐惧与

困难，接受改造后的自己；学会自尊自爱，学会建立自信，相信自己会越变越好，摆脱过去的桎梏，重获美好人生。

二、活动流程

进程	活动目标	活动内容	时间	活动素材
导入	引入本次专题	领导者开场	5 分钟	音响设备及背景音乐
热身	1. 消除内心防御，活跃氛围 2. 引导成员相信自己的潜能所在	掌声响起来	10 分钟	秒表
展开	1. 体会被人欣赏与接纳的感受，提高自信 2. 学会如何肯定他人，加强沟通合作 3. 学会自我肯定，强化自信心	1. 戴高帽 2. 目光炯炯	25 分钟	A4 纸，双面胶，签字笔，便利贴
	1. 打开心扉，学会求助 2. 通过互相提供建议，协助成员解决所面临的问题	热座	30 分钟	信封，A4 纸，签字笔
	1. 建立短期、可实现目标 2. 激发成员朝着目标前行	情景剧《五年后的我》	25 分钟	
	1. 体验被尊重的感觉 2. 鼓励成员积极面对往后的生活	我们	15 分钟	音响设备及音乐
结束		活动总结	10 分钟	

三、活动内容

导入

领导者引入专题。

热身

掌声响起来

1. 活动介绍

各自预计全体成员按顺序一个接一个鼓一次掌所用的总时间，并记录在本子上，领导者可以询问个别成员。领导者负责计时，成员们开始轮流拍掌，结束后，领导者公布第一次挑战的用时。成员们对比自我预计的时间与实际运用的时间。随后领导者引导成员们第二次用更短的时间挑战拍掌接龙，激发他们的斗志与潜能。

2. 讨论分享

每个人都有潜能，我们要相信自己的能力，并努力挖掘，带着满满的信心与明确的目标能让我们更有斗志完成挑战。

展开

戴高帽

1. 活动介绍

领导者指导成员通过 A4 纸及双面胶等工具制作高帽。所有成员随机分为两组，每组围成圈，圈中心放一把椅子。各组成员依次被请上圈中座椅，戴上高帽，其他成员轮流在便利贴上写下该成员的优点，并轮流说出来，最后将便利贴贴在该成员的高帽上。

2. 讨论分享

领导者请成员们分享活动中的感受。

3. 注意事项

在给其他成员写优点并大声告知的过程中，使被戴高帽的成员体会到被人

欣赏及肯定的感受，克服自卑心理，提高自信；同时在发现他人优点的过程中，也让个体学会接纳、赞赏他人，增加相互的积极交流，明白每个个体的独一无二性。

目光炯炯

1. 活动介绍

两组成员各站成一排，与另一队的成员面对面。面对面的两位成员相互注视着对方的眼睛50秒，目光要时刻注视对方，不可以有闪躲，表情放松，目光要自信、鼓励、诚恳。

接着请第一组成员保持注视对方的姿势，做一分钟的自我介绍，自我介绍包含着自我肯定的内容。如，我是一个××（正面的词语）的人，我的优点是××，我在××方面有才能，我可以胜任××工作等。声音要洪亮、坚定、自信。然后轮到第二组成员进行同样的流程。

2. 讨论分享

双方介绍完后，成员相互分享在自我介绍时的心理过程与感受。

3. 注意事项

在活动中，引导成员发掘自身优点，并毫不掩饰地、自信满满地讲出自己的优点。学会自我肯定，破除自卑心理。领导者注意提醒所有成员严肃、认真地对待这个活动，支持、鼓励团体成员。

热座

1. 活动介绍

所有成员围成一圈坐下，每位成员获得一个信封，信封内有一张A4纸与一支签字笔。给五分钟，请每位成员写下自己目前最困扰、最想要得到帮助的问题，然后将白纸塞入信封。领导者回收所有信封然后请每位成员随机抽取信封，如抽到自己的信封举手告知领导者，领导者将该成员以及该成员左边、右边各两位成员的信封收回，再令他们五人抽取，直至无人抽到自己的信封。

成员针对自己抽到的信封中内容，认真思考，并根据自己的经验与体会，给予真诚的、认真的建议。建议没有对错之分，只要是成员怀着帮助他人之心严肃思考后的建议就可以。

2. 讨论分享

通过相互的匿名倾诉，更容易的打开成员的心扉，引导他们将心底最深处的困惑写出来。领导者引导成员在倾听他人给予的建议时，想想自己遇到同类问题应该怎么做，并让成员认识到，一个人不是孤立的，他的身边还有其他支持的力量，遇到困难要学会克服，但也要学会适度地求助。

情景剧《五年后的我》

1. 活动介绍

所有成员随机四人分为一组，用十分钟时间去认真思考，与小组成员讨论，为自己设计一个美好的未来。每位成员都要想想，五年后的自己会从事着什么样的工作，过着什么样的生活，并且思考如何通过语言和肢体表达将自己设计的情境再现出来。

组内成员分别编号为1、2、3、4，以组为单位围成一圈，1号成员在组内不动，2号成员集体移动到右手边的第一组，3号成员移动到右手边的第二组，4号成员移动到右手边的第三组，以此形成新的组。每位成员将方才自己思考的成果向新成员展示。

2. 讨论分享

在小组相互的讨论之下，鼓励成员说出自己的迷茫，在成员的相互帮助下认真思考未来的路。通过言语及肢体表达，使成员畅想五年后的自己，使他们看到未来的希望。在此过程中，领导者要引导成员加强相互间的沟通，鼓励所有人敞开心扉，找到目标。

我们

1. 活动介绍

保持现在新的组，每位成员就其他成员在上一个活动中的展示、规划、目标等做出积极评价，并表示对他人憧憬的尊重与鼓励。然后所有成员手拉手围成一个圈，跟着《我的未来不是梦》这首歌曲轻轻摇晃双手与身体。

2. 讨论分享

使每位成员感受到被尊重的力量，激发成员对美好未来的向往，也促使成员用实际行动实现自己的目标与理想。

结束

四、活动总结

领导者带领成员，对每一次团辅专题进行回顾与总结。

附　录

附录一　团体契约

一、领导者说明订立团体契约的原因以及原则

签订契约是一个协商的过程，通过这个过程能够加强成员与领导、成员与成员之间的沟通，协商体现了团体中所有人的平等参与，是成员在领导者的鼓励下，增强自信心和对团体的兴趣，并使他们了解在团体中的具体行为，清楚团体的真正运作方式及团体对他们的要求，以降低成员紧张、不知所措的情绪。

契约的内容一般包括九个方面：①清楚说明团体目的；②个别成员的目标和在团体中希望获得的一些东西，这些需要与团体的整体目标相配合；③团体运作的方式（例如讨论、游戏）以及成员是否有权随时放弃参与不喜欢的项目；④团体的聚会时间、地点、次数；⑤相关守则、奖惩细则；⑥要求成员对团体有投入感，包括准时到会，不能无故缺席，积极帮助他人等；⑦要求保密，不能随意透露团队信息和他人隐私；⑧确认个别成员若有需要时，能否单独约见团体领导者；⑨清楚说明团体与机构（如监狱等）的关系，团体成员的参与和机构期望需要配合的范围等。

二、讨论和制定团体规范

团体成员共同讨论和制定团体规范，如"做到保密，不把团体内的事情说给其他人听"，"仔细倾听，不打断和批评他人的发言"等。然后将其归纳，写在一张大白纸上，形成团体契约书。

三、签名

每个团体成员在团体契约书上签名，以示自己愿意遵守这些团体规范。

团体契约书

亲爱的成员：

您好！

欢迎参加本团体！为了保障我们每个团体成员的权益，为了团体顺利地进行，我们需要达成以下契约，请详阅后签名。

（1）理念。本团体的目的＿＿＿＿＿＿＿＿＿＿＿＿＿＿＿＿＿＿＿＿

＿＿＿＿＿＿＿＿＿＿＿＿＿＿＿＿＿＿＿＿＿＿＿。（根据主题进行说明）

（2）出席。请务必每次都出席，团体需要你提供意见和技巧示范。而且每位成员都参与，团体才能有效地进行。如果你不能参加，请和领导者联系。任何成员都有权利在任何时刻退出本团体。但是，如果你考虑退出，请事先和领导者沟通，这样对你是有帮助的。

（3）准时。请务必准时，遵守团队纪律，不迟到，不早退。如果你预计可能会迟到，请先通知领导者。

（4）作业。若上次团体有布置作业，每位成员在下次聚会前均须在团体以外的时间练习某些作业，你可以不同意领导者建议的作业，但是一旦同意，请务必完成。

（5）保密。任何一位团体成员须遵守团体保密约定，不得泄露其他成员的身份、资料与分享内容。

我已阅并理解上述信息，且知道我可以询问相关的问题，我同意参与此次团体心理辅导。

团体成员签名：

年　　　月　　　日

附录二　服刑人员自信心评定问卷

	完全不符	比较不符	比较符合	完全符合
1. 我对每天的生活感到很充实				
2. 遇到狱警时，我总会感到很紧张*				
3. 我比别人能更快更好地完成各项任务				
4. 我参加各种集体活动都很积极				
5. 我能较快适应狱中生活				
6. 我觉得狱警和其他劳教人员都很信任我				
7. 我能够按照规定严格要求自己				
8. 出狱后我一定会做一个有益于社会的人				
9. 我整理内务经常会受到表扬				
10. 我确信自己在狱中能学到一技之长				
11. 我个人卫生一直搞得很好				
12. 家人和朋友的关心使我能安心接受改造				
13. 我对出狱后的生活感到很茫然*				
14. 我有信心改正自己所犯的错误				
15. 我独立完成生产劳动任务时很有信心				
16. 我觉得自己的长相难看*				
17. 我觉得多数服刑人员都比我聪明能干*				
18. 我时常感到自己一无是处*				
19. 我学习教育课程很用功				
20. 我能够按质按量完成各种任务				
21. 我能以良好的心态接受改造				
22. 我在生产劳动中表现总是很出色				
23. 我担心很难适应未来的生活*				

（续上表）

	完全不符	比较不符	比较符合	完全符合
24. 我对这里的生活感到很悲观*				
25. 我担心出狱后找不到正当职业*				
26. 我觉得自己的声音很好听				
27. 我有时不相信狱警*				
28. 我在陌生人面前总是感到紧张*				
29. 我觉得自己的优点比缺点多				
30. 我觉得自己的相貌对异性很有吸引力				
31. 我能很好地理解狱中教育课程的内容				
32. 总的来说，我是一个自信的人				

注：带"*"表明该条目为反向计分题。

参考文献

［1］曹广健．服刑人员团体心理辅导策略．北京：中国财政经济出版社，2013.

［2］樊富珉，何瑾．团体心理辅导．上海：华东师范大学出版社，2010.

［3］方晓义．高中生发展导航　学生用书　第2册．北京：机械工业出版社，2012.

［4］高申春．自我效能理论评述．心理发展与教育，2000（1）.

［5］寇彧，张庆鹏．青少年亲社会行为促进：理论与方法．北京：北京师范大学出版社，2017.

［6］李金华，殷尧，李玉成．服刑人员心理健康与调适．郑州：河南人民出版社，2006.

［7］李路荣，颜剑雄，谭千保．服刑人员心理问题及其心理矫治．中国健康心理学杂志，2008（4）.

［8］李伟．服刑人员心理矫治理论与实务教程．北京：对外经济贸易大学出版社，2012.

［9］刘慧．大学生团体心理咨询实务．北京：中国人民大学出版社，2015.

［10］刘伟．团体咨询理论与实践．北京：中国劳动社会保障出版社，中国人事出版社，2012.

［11］罗峥．学生情绪调节与辅导．北京：开明出版社，2012.

［12］马立骥，董长青．监狱团体心理辅导操作实务．上海：上海交通大学出版社，2015.

［13］缪文海．罪犯刑满释放前的心理特征及心理矫治策略．贵州警官职业学院学报，2010（2）.

［14］司家栋．高中班级团体心理辅导主题方案．北京：蓝天出版社，2013.

［15］谭小芳．心理学与情绪调控．北京：中国纺织出版社，2016.

［16］许玫，张生妹，张谊．大学生如何进行生涯规划．上海：复旦大学

出版社，2006.

[17] 张海燕．团体心理教育训练实用手册．上海：上海人民出版社，2016.

[18] 张亚莉，安琨．以人为本——梅奥人际关系理论．管理观察，2000（1）.

[19] 周丽君．人际关系理论在服刑人员改造中的运用研究．社会心理科学，2004（3）.

[20] 朱千．劳教人员自信心及其影响因素的研究．北京：中国政法大学，2007.

[21] Hastie R．，Dawes R．M．不确定世界的理性选择——判断与决策心理学．谢晓非，李纾，等译．北京：人民邮电出版社，2016.

[22] Shaffer D．R．，KIPP K．发展心理学：儿童与青少年．邹泓，译．北京：中国轻工业出版社，2009.

[23] Briñol P, Gascó M, PETTY R E, et al. Treating thoughts as material objects can increase or decrease their impact on evaluation. Psychological science, 2013, 24.

[24] LEE S W S, SCHWARZ N. Washing away postdecisional dissonance. Science, 2010, 328.

[25] LI X, WEI L & SOMAN D. Sealing the emotions genie：The effects of physical enclosure on psychological closure. Psychological science, 2010, 21（8）.

[26] XU A J, ZWICK R & SCHWARZ N. Washing away your（good or bad）luck：physical cleansing affects risk–taking behavior. Journal of experimental psychology：general, 2011, 141（1）.